[redacted]

KURSBUCH

TEILBAND 1

A2

Pluspunkt Deutsch

von Friederike Jin, Jutta Neumann und Joachim Schote

Cornelsen

Pluspunkt Deutsch A2

Neue Ausgabe
Deutsch als Zweitsprache
Kursbuch
Teilband 1

Symbole

- Hörverstehensübung (Hörtext auf CD)
- Phonetikübung mit CD
- Partnerübung
- Portfolio-Übungen

Im Auftrag des Verlages erarbeitet von Friederike Jin,
Jutta Neumann und Joachim Schote

In Zusammenarbeit mit der Redaktion:
Maria Funk (verantwortliche Redakteurin), Andrea Mackensen,
Gunther Weimann (Projektleitung)

Redaktionelle Mitarbeit: Dieter Maenner
Bildredaktion: Katharina Hoppe-Brill
Unter besonderer Mitwirkung von: Georg Krüger

Beratende Mitwirkung: Annekatrin Bach (Colmnitz), Nicola Ferling (Mannheim),
Ina Schiffhauer (Berlin), Dr. Vesna Stanicic-Burchards (Norderstedt)

Illustrationen: Matthias Pflügner
Gesamtgestaltung und technische Umsetzung: SOFAROBOTNIK, Augsburg und München

Autoren von Pluspunkt Deutsch · Der Integrationskurs: Georg Krüger und Matthias Merkelbach

www.cornelsen.de

1. Auflage, 1. Druck 2010

Alle Drucke dieser Auflage sind inhaltlich unverändert und können im Unterricht nebeneinander verwendet werden.

Druck: CS-Druck CornelsenStürtz, Berlin

ISBN 978-3-06-024282-5

Inhalt gedruckt auf säurefreiem Papier aus nachhaltiger Forstwirtschaft.

Pluspunkt Deutsch • Neue Ausgabe auf einen Blick

Pluspunkt Deutsch • Neue Ausgabe ist ein Grundstufenlehrwerk für Erwachsene ohne Deutsch-Vorkenntnisse. Es ist besonders geeignet für Lernende mit unterschiedlichen Voraussetzungen und Lernerfahrungen. **Pluspunkt Deutsch • Neue Ausgabe** orientiert sich eng an den Vorgaben des neuen Rahmencurriculums für Integrationskurse und setzt die Kannbeschreibungen des Gemeinsamen europäischen Referenzrahmens konsequent um. Das Lehrwerk führt zum *Zertifikat Deutsch* und bereitet auf den *Deutsch-Test für Zuwanderer* vor.

Das **Kursbuch** enthält sieben Lektionen, zwei fakultative Stationen und einen Anhang.
Jede Lektion beginnt mit einer bilderreichen Auftaktseite, die an den Wortschatz und das Thema heranführt. Es folgen drei Doppelseiten, auf denen der Lernstoff in thematisch abgeschlossenen Blöcken kleinschrittig präsentiert wird. Im Vordergrund stehen Themen des alltäglichen Lebens und ihre sprachliche Bewältigung, wobei die Grundfertigkeiten Sprechen, Hörverstehen, Leseverstehen und Schreiben systematisch und integriert trainiert werden. Die Doppelseite *Alles klar!* bietet Übungen zur aktiven Selbstevaluation. Die abschließende *Gewusst-wie*-Seite fasst die wichtigsten Redemittel und grammatischen Strukturen übersichtlich zusammen. Die fakultativen Stationen bieten auf jeweils zwei Doppelseiten Möglichkeiten zur spielerischen Wiederholung des Gelernten, stellen Berufe aus verschiedenen Bereichen vor und bereiten gezielt auf den *DTZ* vor.
Der Anhang umfasst:
- Phonetikübungen, die den einzelnen Lektionen zugeordnet sind,
- eine systematische Zusammenfassung der Grammatik,
- eine Liste der unregelmäßigen Verben,
- die Hörtexte, die nicht in den Lektionen abgedruckt sind,
- eine alphabetische Wortliste mit den jeweiligen Fundstellen und
- Bildkarten zur Wiederholung und Vertiefung wichtiger Wortfelder.

Die **Audio-CD** enthält alle Hörtexte und Phonetikübungen aus dem Kursbuch.

Das **Arbeitsbuch** mit eingelegter **Lerner-Audio-CD** unterstützt die Arbeit mit dem Kursbuch. Es enthält ein umfangreiches Übungsangebot mit ausgewiesenen Übungen zur Binnendifferenzierung. Auf den *Deutsch-Plus*-Seiten wird das Gelernte vertieft und explizit das Hör- und Leseverstehen trainiert. Die letzte Doppelseite enthält den Lernwortschatz der Lektion sowie ein gezieltes Wortschatztraining mit Lerntipps. In den Stationen können die Lernenden ihren Sprachlernstand selbst überprüfen. Außerdem finden Sie hier weitere Übungen zur Vorbereitung auf den *DTZ*. Am Ende jedes Teilbandes finden sich bebilderte Grammatikkarten zur Wiederholung wichtiger Grammatikstrukturen.

Die **Handreichungen für den Unterricht** enthalten Tipps für den Unterricht, Vorschläge für Differenzierungsmaßnahmen sowie Kopiervorlagen.

Die **Unterrichtshilfe interaktiv** mit Textanalysetool macht Ihre Unterrichtsvorbereitung noch einfacher. Mit verschiedenen Werkzeugen können Sie schnell und einfach eigene Arbeitsblätter erstellen und ein Analysetool hilft Ihnen, eigene Texte an den Lernstand Ihres Kurses anzupassen. Zusätzlich finden Sie Tests und Diktate zu jeder Lektion.

Unter **www.cornelsen.de/pluspunkt-neu** gibt es für die Arbeit mit **Pluspunkt Deutsch • Neue Ausgabe** Zusatzmaterialien, Übungen und didaktische Tipps sowie interessante Links.

Viel Spaß und Erfolg mit **Pluspunkt Deutsch • Neue Ausgabe** wünschen

Autoren und Cornelsen Verlag

Inhalt Teilband 1

Themen und Texte	Rahmencurriculum für Integrationskurse / Gemeinsamer europäischer Referenzrahmen
• die eigene Geschichte • Sprachlerntypen • Texte: Kurzbiographie	• Kann einfach und kurz über seine/ihre Gründe für die Migration sprechen. • Kann einfach und kurz von seinen/ihren Erfahrungen berichten. • Kann individuelle Sprachlernbedürfnisse und Ziele äußern. • Kann sich über die Bedeutung des Erlernens der Zielsprache für die eigene Zukunft äußern.
• Medien • rund ums Internet • Fernsehen und Radio • Email und Co • Texte: Fernsehprogramm Grafik Zeitungsartikel	• Kann in Zeitungen und Zeitschriften, auch online, thematische Schwerpunkte und Rubriken verstehen und das Gewünschte auswählen. • Kann kurzen Berichten in Zeitungen oder im Internet wichtige Informationen entnehmen. • Kann Fernseh- und Radiowerbung für vertraute Produkte relevante Informationen entnehmen. • Kann geläufige Befehle in deutschsprachigen Versionen von Office-Programmen verstehen.
• Wochenendpläne • per SMS verabreden • im Restaurant • Was machen wir am Sonntag? • Texte: E-Mail, Speisekarte	• Kann, auch telefonisch, mit einfachen Mitteln eine Reservierung tätigen. • Kann in einer Gaststätte gewünschte Speisen und Getränke bestellen.
• Schulfächer und Schulnoten • das Schulsystem in Deutschland • Schule früher und heute • Texte: Briefe aus der Schule	• Kann mit einfachen Worten wesentliche Informationen zum Betreuungs- bzw. Ausbildungssystem im Herkunftsland geben. • Kann das Wesentliche von einfachen Informationsschreiben der Schule verstehen. • Kann zurückzugebende Abschnitte von Elternmitteilungen ausfüllen. • Kann an einem Elternabend die für ihn/sie wichtigsten Informationen verstehen.
• im Büro • Situationen am Arbeitsplatz • Texte: Mitteilungen	• Kann einfache schriftliche Informationen verstehen. • Kann sich mit einfachen Worten telefonisch krankmelden. • Kann Kollegen eine kurze Notiz mit einer wichtigen Information hinterlassen. • Kann einfache mündliche Anweisungen verstehen. • Kann in einfacher Form einen Terminvorschlag machen und auf einen Terminvorschlag reagieren.
• Wohnen und renovieren • im Baumarkt • Texte: Wohnungsanzeigen Mietvertrag Baumarktprospekt	• Kann sich in Tageszeitungen, Wochenblättern oder dem Internet über den Wohnungsmarkt informieren. • Kann Wohnungsanzeigen die für ihn/sie relevanten Informationen entnehmen. • Kann, auch telefonisch, mit einfachen Worten einen Besichtigungstermin vereinbaren. • Kann einem Mietvertrag für ihn/sie wichtige Informationen entnehmen.
• Feste und Feiertage • Geschenke • Hochzeit • Feiern interkulturell • Texte: Einladungen Interkultureller Kalender	• Kann z. B. Kollegen, Freunde oder befreundete Eltern fragen, ob sie zu einer Feier mitkommen, und einen Termin mit ihnen ausmachen. • Kann sich für eine Einladung bei Kollegen oder Freunden bedanken und zusagen oder freundlich und mit Angabe eines Grundes absagen. • Kann mit einfachen Worten ein Kompliment aussprechen und sich für ein Kompliment bedanken. • Kann jemandem gratulieren und mit einfachen Worten gute Wünsche aussprechen und sich für gute Wünsche bedanken.

Inhalt Teilband 2

	Sprachhandlungen	Grammatik
Lektion **8** Neue Chancen	• über die eigene Ausbildung und berufliche Erfahrung sprechen • sich über Weiterbildungsmaßnahmen informieren • über die eigenen Interessen, Ziele und Fähigkeiten sprechen	• Nebensätze mit *damit* • Verben mit Präpositionen
Lektion **9** Gesund leben	• einen Ratgeber zum Thema Gesundheit verstehen • ein Gespräch über Behandlungsmöglichkeiten führen • über Vorsorge und Impfung sprechen • ein Gespräch mit der Krankenkasse führen	• das Verb *lassen* • die Indefinitpronomen *nichts, etwas, einige, viele, manche, alle niemand, wenige*
Lektion **10** Arbeitssuche	• über Bewerbungen sprechen • über Wünsche für die Arbeit sprechen • ein Bewerbungsgespräch am Telefon führen • einen Lebenslauf schreiben	• indirekte Fragen mit *ob* • Wunschsätze mit *würde*
Lektion **11** Von Ort zu Ort	• über Reisen erzählen • eine Reise im Reisebüro buchen • Dinge näher beschreiben • Dialoge auf der Reise • eine Reise planen	• Relativsätze im Nominativ und Akkusativ
Station **3**	Wiederholung, Pflegeberufe, Prüfungsvorbereitung DTZ: Lesen und Schreiben	
Lektion **12** Helfen und Hilfe bekommen	• über soziale Kontakte sprechen • über Vereine und Organisationen sprechen • mit Ämtern und Institutionen telefonieren	• Relativsätze
Lektion **13** Versicherung und Banken	• über eine Überweisung sprechen • über die Bedingungen einer Versicherung sprechen • etwas reklamieren • verstehen und sagen, wo etwas ist	• über Vergangenes sprechen (Wdhlg.) • Wortbildung: Komposita
Lektion **14** Bis bald	• über persönliche Beziehungen/Gefühle reden • den eigenen Standort bestimmen	• Fragepronomen *worüber, worauf*... • Negation mit *nicht*
Station **4**	Modelltest Deutschtest für Zuwanderer	
Anhang	Phonetik; Grammatik; Unregelmäßige Verben; Hörtexte; Wortliste; Bildkarten	

Themen und Texte	Rahmencurriculum für Integrationskurse / Gemeinsamer europäischer Referenzrahmen
• Weiterbildungskurse • Finanzierung von Weiterbildungskursen • telefonisches Anmeldegespräch • Texte: Kursprogramm Flyer	• Kann mit einfach Worten bei Bekannten das Wesentliche von Ausbildungsstruktur und Ausbildungmöglichkeiten erfragen. • Kann die wichtigsten Informationen über Aus- und Weiterbildungsinhalte und die grundsätzliche Meinung seiner/ihrer Gesprächspartner über deren Nutzen verstehen. • Kann einfachen Anzeigen zu Aus- und Weiterbildungsangeboten wichtige Informationen entnehmen. • Kann sagen, was er/sie kann, bisher gemacht hat und zukünftig machen möchte.
• die eigene Gesundheit • Prophylaxe • Kinder beim Arzt • Gespräch mit dem Arzt • Texte: Zeitungsartikel	• Kann Ratgebern relevante Informationen zum Thema Gesundheit entnehmen. • Kann im Gespräch mit dem Arzt einfache Informationen zum Gesundheitszustand geben. • Kann im Gespräch mit dem Arzt einfache Verhaltensweisen verstehen.
• Bewerbungen • Eigenschaften von Arbeitnehmern • Texte: Stellenanzeigen Lebenslauf	• Kann wichtige Auskünfte in einem einfachen Bewerbungsschreiben geben. • Kann mithilfe einer Vorlage einen tabellarischen Lebenslauf schreiben. • Kann im Bewerbungsgespräch einfache Informationen verstehen und darauf reagieren. • Kann im Bewerbungsgespräch mit einfachen Worten sein/ihr Einverständnis mit bestimmten Arbeitsbedingungen ausdrücken oder eigene Vorstellungen äußern und Rückfragen stellen.
• Reisen • Situationen auf Reisen • Buchung einer Reise • Reiseplanung	• Kann eine Reise mit dem Zug oder Flugzeug am Schalter oder telefonisch buchen. • Kann einen Platz am Schalter oder telefonisch reservieren. • Kann äußern, dass er/sie einen bestimmten Platz reserviert hat. • Kann Telefonansagen von Informationszentren der Flughäfen oder vom Reisezentrum der Deutschen Bahn relevante Informationen entnehmen.
• soziale Kontakte in Deutschland und im Herkunftsland vergleichen • Nachbarschaft • Vereine und Organisationen • Texte: Internetseite Infobroschüre	• Kann auf einfache Art seine/ihre Meinung über erlebte oder beobachtete Aspekte des Lebens in Deutschland mitteilen. • Kann sich mit einfachen Worten über seine/ihre interkulturellen Erfahrungen austauschen. • Kann sich telefonisch verbinden lassen.
• rund ums Geld • Banken und Versicherungen • Ratenkauf • Texte: Brief Prospekt	• Kann sich über Banken und Versicherungen informieren. • Kann kurzem und klarem Informationsmaterial wichtige Informationen entnehmen. • Kann sich über Bankdienstleistungen informieren. • Kann am Schalter beim Kauf von Bankdienstleistungen die erforderlichen Auskünfte geben. • Kann grundlegende Informationen zu Produkten erfragen.
• Freundschaft • Beziehungen • Wiederholung	

Sprache im Kurs

1. Schreiben Sie.

2. Hören Sie.

3. Ergänzen Sie.

4. Kreuzen Sie an.

5. Lesen Sie.

6. Spielen Sie Dialoge.

Sie lernen:
- über Erfahrungen in Deutschland sprechen
- über Sprachenlernen sprechen und Lerntipps geben
- „seit" + Dativ
- Possessivartikel
- Perfekt mit „sein" und „haben"

1

Meine Geschichte

1a Ü1–4

Machen Sie ein Interview mit Ihrem Partner / Ihrer Partnerin. Tragen Sie die Orte in eine Deutschlandkarte ein.

Woher kommen Sie?
Wo in Deutschland haben Sie schon gewohnt (und gearbeitet)? Wie lange?
Wo wohnen (und arbeiten) Sie jetzt?
Haben Sie Verwandte oder Freunde in Deutschland? Wo wohnen sie?
Welche Städte kennen Sie noch in Deutschland? Wie finden Sie die Städte?

1b Ü5

Stellen Sie Ihren Partner / Ihre Partnerin vor.

Das ist ...
Er/Sie kommt aus ...
Er/Sie hat schon in ... gewohnt/gearbeitet.
... liegt in der Nähe von ...
Er/Sie wohnt schon seit ... Jahren in ...
Seine/Ihre Verwandten wohnen in ...
Er/Sie kennt ...
Er/Sie findet ... interessant/langweilig/sauber/...
Er/Sie mag ... nicht. Die Stadt ist zu klein/groß/laut/hektisch/schmutzig/...

A Die eigene Geschichte erzählen

1a Ü6

Gerald Asamoah erzählt. Lesen Sie und ordnen Sie die Bilder zu.

◯ Ich bin 1976 in Mampong (Ghana) geboren und ich bin dort auch zur Schule gegangen. Meine Eltern haben mein Heimatland aus politischen Gründen verlassen. Ich bin erst noch in Ghana geblieben.

◯ 1990 bin ich zu meinen Eltern nach Deutschland gekommen. Wir haben in Hannover gewohnt und ich bin dort zur Schule gegangen. Ich habe immer schon gern und gut Fußball gespielt, deshalb bin ich Profifußballer geworden. 1998 haben die Ärzte eine Herzkrankheit festgestellt. Ich hatte Angst, aber ein amerikanischer Arzt hat mir geholfen. 1999 bin ich nach Gelsenkirchen umgezogen und ich habe bei Schalke 04 weiter Fußball gespielt. Da habe ich auch die deutsche Staatsbürgerschaft beantragt. 2001 und 2002 waren gute Jahre. Ich habe mit Schalke 04 den Pokal gewonnen und wir sind deutscher Vizemeister geworden. Ich habe in der deutschen Nationalmannschaft angefangen und 2002 sind wir Vizeweltmeister geworden.

◯ Im Jahr 2007 habe ich die „Gerald Asamoah Stiftung für herzkranke Kinder" gegründet. Ich habe viel Geld verdient und ich möchte mit meinem Geld kranken Kindern in meiner Heimat helfen. Ich bin verheiratet und seit dem 26. 2. 2007 Vater von Zwillingen.

1

2
GERALD ASAMOAH STIFTUNG FÜR HERZKRANKE KINDER

3

1b

Lesen Sie noch einmal und ergänzen Sie den Zeitstrahl.

1976 → 1990 → 1998 → 2001/2002 → 2007

1c

Wie war das für Herrn Asamoah? Positiv 🙂 oder negativ ☹? Ergänzen Sie in 1b.

2 Ü7+8

Suchen Sie zu den Verben die Perfektformen in 1a. Schreiben Sie sie in eine Tabelle.

gehen – verlassen – bleiben – kommen – wohnen – spielen – werden – feststellen – umziehen – helfen – beantragen – gewinnen – anfangen – gründen – verdienen

!

Perfekt mit *sein* →   **Perfekt mit *haben***

er ist gekommen   er hat gewohnt

aber: er ist geblieben
er ist geworden

Perfekt mit „sein"	*Perfekt mit „haben"*
ich bin gegangen	*sie haben verlassen*
...	...

3a

Schreiben Sie Karten und ordnen Sie: regelmäßig, unregelmäßig, ohne *ge-*.

bleiben

er ist geblieben

!

regelmäßig *ge...(e)t*	**unregelmäßig**	**ohne** *ge-*
er hat **ge**wohnt	er ist **ge**blieben	er hat verlassen
er hat fest**ge**stellt	er ist um**ge**zogen	

3b Ü9

Spielen Sie Memory mit den Karten.

4

Erzählen Sie die Lebensgeschichte von Gerald Asamoah.

Ü10+11

5

Machen Sie einen Zeitstrahl für wichtige Stationen in Ihrem Leben und berichten Sie im Kurs.

B Wie haben Sie das geschafft?

1a Ü12

Was passt zu welchem Foto? Ordnen Sie zu.

A

D

B

E

C

1. Studenten an der Universität
2. Als junge Mutter
3. Probleme über Probleme
4. Meine Familie heute
5. Das macht mir Spaß

1b Herr und Frau Taskin erzählen. Hören Sie und kreuzen Sie in 1a an: Welche Fotos passen? 2

1c Hören Sie und beantworten Sie die Fragen im Kurs. 3

1. Woher kommen Herr und Frau Taskin?
2. Wo haben sie studiert?
3. Wo hat Herr Taskin nach dem Studium gearbeitet?
4. Warum sind sie nach Deutschland gekommen?
5. Wer hat ihnen geholfen?

1d Frau Taskin erzählt. Hören Sie und kreuzen Sie an: Was ist richtig? 4

1. Wie war es am Anfang für Herrn Taskin?
   - A ○ Er hat sofort eine Arbeit gefunden.
   - B ○ Er hat einen Sprachkurs gemacht.
   - C ○ Er hatte keine Probleme mit den Ämtern und Behörden.
2. Was hat Frau Taskin gemacht?
   - A ○ Sie hat oft ihre Verwandten und Freunde getroffen.
   - B ○ Sie war depressiv.
   - C ○ Sie hat einen Sprachkurs gemacht.
3. Was macht Frau Taskin jetzt?
   - A ○ Sie arbeitet als Russischlehrerin in einer Schule.
   - B ○ Sie ist krank.
   - C ○ Sie ist aktiv in einem Verein.

2a *Unsere* oder *eure*? Ergänzen Sie.

Ü13–17

- Wo sind ________ Kinder geboren?
- ________ Söhne sind in Afghanistan geboren, ________ Töchter sind in Deutschland geboren.
- Hatten ________ Kinder Probleme in der deutschen Schule?
- Nein, überhaupt nicht. Sie sprechen besser Deutsch als wir.
- Welche Sprachen sprechen ________ Kinder noch?
- ________ Söhne sprechen Russisch, leider nur ein bisschen Farsi und natürlich Deutsch. ________ Töchter sprechen alle drei Sprachen.

!
Possessivartikel
wir – unser/unsere
ihr – euer/eure
sie – ihr/ihre

2b Erzählen Sie über die Kinder von Herrn und Frau Taskin.

Ihre Söhne sind in Afghanistan geboren, ihre ...

3 Arbeiten Sie in Gruppen. Welche Erfahrungen haben Sie in Deutschland gemacht? Was finden Sie wichtig? Machen Sie ein Plakat für Ihre Gruppe.

Ü18

Was finden Sie in Deutschland gut / nicht so gut? Was war/ist schwierig für Sie?
Was haben Sie schon geschafft? Was möchten Sie noch schaffen?
Wer hat Ihnen geholfen? Wer kann Ihnen helfen?

C Sprachen lernen

1 Wofür brauchen Sie Deutsch? Sammeln Sie im Kurs.

> *Ich möchte mit meinen Nachbarn sprechen.*

> *Ich brauche Deutsch für ...*

2a Sprachlerntypen. Lesen Sie und ordnen Sie die Bilder zu.

Ü19–21

[2] Schreiben ist für mich wichtig. Ich muss jedes neue Wort zu Hause auf Wortkarten schreiben. Ich lese auch viel. Dann kann ich gut lernen.

[4] Ich mache nicht gern Fehler. Ich spreche lieber nicht so viel, aber ich lerne die Regeln und mache Übungen. Ich lerne auch viele Wörter. Dann kann ich die Sprache richtig gut lernen und dann kann ich auch mit Deutschen sprechen.

[1] Der Lehrer soll viel vorsprechen. Ich höre genau zu und spreche nach. Neue Wörter spreche ich immer laut. Manchmal sitze ich zu Hause und spreche deutsche Wörter. Mein Mann findet das lustig, aber für mich ist das wichtig, so kann ich die Wörter gut behalten.

[3] Ich möchte immer alles ausprobieren. Ich lerne neue Sätze auswendig und probiere sie mit Deutschen. Das macht mir Spaß und so lerne ich am besten. Ich habe auch nicht so viel Zeit für Hausaufgaben und schriftliche Übungen.

2b Lesen Sie die Texte noch einmal. Wer macht was gern? Machen Sie eine Tabelle.

Typ 1	Typ 2	Typ 3	Typ 4
	schreiben,	Sprechen, Gesprächen	Übung machen, Regeln lernen

3 Welcher Lerntyp ist Ihr Partner / Ihre Partnerin? Schreiben Sie Fragen und machen Sie ein Interview. Stellen Sie ihn/sie im Kurs vor.

Was macht Ihnen Spaß?
Können Sie besser hören oder lesen?
Wie lange ...?
Wie ...?

4a Ü22 Tipps von Deutschlernern. Hören Sie und kreuzen Sie an: Was ist richtig? 5

1. Herr Marin:
   - A ○ Grammatik ist wichtiger als die Wörter.
   - B ○ Die Wörter sind wichtiger als die Grammatik.

2. Frau Abiska:
   - A ○ Man darf keine Angst vor Fehlern haben.
   - B ○ Man darf nicht viele Fehler machen.

4b Wie finden Sie die Tipps? Sprechen Sie im Kurs.

Ich finde Grammatik ist wichtig, aber ...

5 Geben Sie Lerntipps. Schreiben Sie ein Problem auf einen Zettel. Sammeln Sie die Zettel ein und mischen Sie sie. Jede/r liest ein Problem vor. Die anderen geben Tipps.

1. Ich kann nicht üben, ich habe so wenig Kontakt mit Deutschen.
2. Ich verstehe die Deutschen nicht. Sie sprechen so schnell und so kompliziert.
3. Ich brauche viele Wörter. Wie kann ich gut neue Wörter lernen?
4. Ich kann nicht gut schreiben, ich mache immer so viele Fehler.

Du kannst (vielleicht) ... Sie können (vielleicht) ...	mit den Nachbarn Deutsch sprechen. sagen: Bitte sprechen Sie langsam. erst die CDs hören und nachsprechen.
Du musst (unbedingt) ... Sie müssen (unbedingt) ...	viel sprechen. einen Kurs besuchen (z. B. einen Tanzkurs oder Computerkurs). jeden Tag ein bisschen schreiben. langsam sprechen.
Du darfst ... / Sie dürfen ...	keine Angst haben.

1 Alles klar!

Kommunikation

1a Schreiben Sie Fragen.

1. Name? *Wie heißen Sie?*
2. Heimat? ______
3. Wohnort? ______
4. Verwandte? ______
5. Städte in Deutschland? ______

1b Beantworten Sie die Fragen in 1a.

2a Hören Sie und kreuzen Sie an: Was ist richtig? 6

1. Was macht Frau Akin sehr gern?
   - A ○ Hören.
   - B ○ Sprechen.
   - C ○ Lesen.
   - D ○ Schreiben.

2. Was macht sie nicht so gern?
   - A ○ Hören.
   - B ○ Sprechen.
   - C ○ Lesen.
   - D ○ Schreiben.

3. Wofür braucht Frau Akin Deutsch?
   - A ○ Für den Beruf.
   - B ○ Sie möchte mit den Nachbarn sprechen.
   - C ○ Sie möchte mit dem Mathematiklehrer sprechen.

2b Wofür brauchen Sie Deutsch? Was machen Sie gern? Schreiben Sie fünf Sätze.

Wortschatz

3 Gegenteile. Welche Wörter gehören zusammen?

1. schwierig – **2.** bleiben – **3.** gehen – **4.** hektisch – **5.** langweilig – **6.** sauber

A interessant – **B** kommen – **C** einfach – **D** verlassen – **E** schmutzig – **F** ruhig

1. C, ______

4 Was passt zusammen?

nach Deutschland **1**	**A** gewinnen
die Staatsbürgerschaft **2**	**B** kommen
das Heimatland **3**	**C** studieren
einen Pokal **4**	**D** verlassen
Fußballprofi **5**	**E** umziehen
an einer Universität **6**	**F** beantragen
von einer Wohnung in eine andere **7**	**G** werden

Grammatik

5 Schreiben Sie Sätze im Perfekt mit den Wörtern aus Übung 4.

6 *Sein* oder *haben*? Ergänzen Sie die richtige Form.

Er ________ vor drei Jahren nach Deutschland gekommen. Drei Monate ________ er bei Verwandten gewohnt, dann ________ er eine Wohnung gefunden. Seine Freunde ________ ihm geholfen. Seine Frau ________ dann auch nach Deutschland gekommen. Sie ________ zusammen zu einer Sprachschule gegangen und sie ________ einen Deutschkurs gemacht.

7 Possessivartikel. Spielen Sie im Kurs.

Flüssig sprechen

8 Hören Sie zu und sprechen Sie nach. 7

1

Gewusst wie

Kommunikation

Über Erfahrungen in Deutschland sprechen

Ich habe meine Heimat aus politischen Gründen verlassen und ich bin 2007 nach Deutschland gekommen. Ich habe zuerst bei Verwandten in Köln gewohnt und dann bin ich nach München umgezogen.
Am Anfang war es schwer / nicht so schwer / leicht / ...
Unsere Kinder sind in Deutschland zur Schule gegangen. Sie hatten keine Probleme. Sie haben schneller Deutsch gelernt als wir.
Ich habe keine Arbeit als Lehrerin gefunden, deshalb habe ich als Verkäuferin gearbeitet.
Wir hatten viele Probleme mit Behörden, aber unsere Verwandten haben uns geholfen.

Über Sprachenlernen sprechen

Für mich ist Schreiben ganz wichtig. Ich schreibe immer jedes neue Wort.
Ich spreche viel Deutsch. Ich spreche mit Deutschen oder auch mit Leuten aus meinem Deutschkurs. Dann kann ich am besten lernen.

Lerntipps geben

Sie können sagen: Bitte sprechen Sie langsam.
Sie können vielleicht einen Kurs an der Volkshochschule besuchen, z. B. einen Tanzkurs oder einen Computerkurs.

Grammatik

Perfekt mit *sein* und Perfekt mit *haben*

Perfekt mit *sein* →
er ist gekommen
...
aber: er ist geblieben
er ist geworden

Perfekt mit *haben*
er hat gewohnt
...

Seit + Dativ

Ich bin **seit einem** Jahr in Köln.

Possessivartikel

	m		n		f		Pl.	
wir	unser	Sohn	unser	Haus	unsere	Tochter	unsere	Kinder
ihr	euer		euer		eure		eure	
sie (Pl.)	ihr		ihr		ihre		ihre	
Sie	Ihr		Ihr		Ihre		Ihre	

Sie lernen:
- *über Medien sprechen*
- *etwas begründen*
- *die eigene Meinung sagen*
- *Vorschläge machen und auf Vorschläge reagieren*
- *Nebensätze mit „weil" und „dass"*

2

Medien

1 Was machen die Leute auf dem Foto? Erzählen Sie.

Ü1

ein Buch / eine Zeitung lesen – mit dem MP3-Player Musik hören – am Computer arbeiten – im Internet surfen – mit dem Gameboy spielen – mit dem Handy telefonieren

Das Mädchen in der Mitte ...

2 Wann, wo und warum benutzen Sie diese Medien?

Ü2+3

wann?	wo?	warum?
täglich – morgens – mittags – nachmittags – abends – ...	im Zug – zu Hause – in der Schule – ...	wichtig – unwichtig – spannend – interessant – langweilig – entspannend – erreichbar sein – ...

Das Handy benutze ich täglich. Ich muss immer erreichbar sein.

Ich lese abends gern ein Buch. Das finde ich entspannend.

i
(immer) am Morgen = morgens
(immer) am Mittag = mittags
(immer) am Abend = abends

A Rund ums Internet

1 Ü4 **Was kann man im Internet machen? Sammeln Sie im Kurs.**

Preise vergleichen — Internet — *chatten*

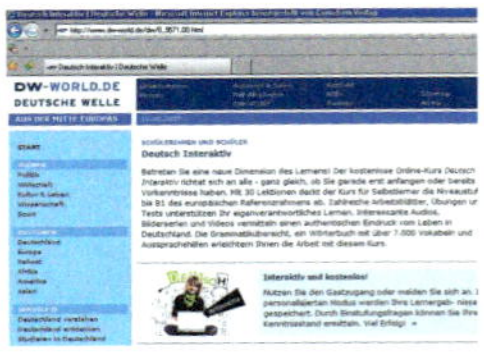
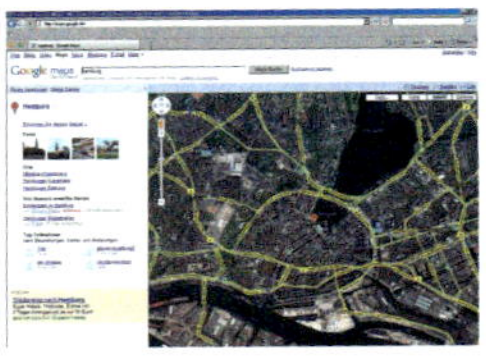

Im Internet kann man einkaufen.

Man kann …

Ich suche im Internet oft …

2a **Was glauben Sie: Wie wichtig ist für diese Menschen das Internet? Sprechen Sie im Kurs.**

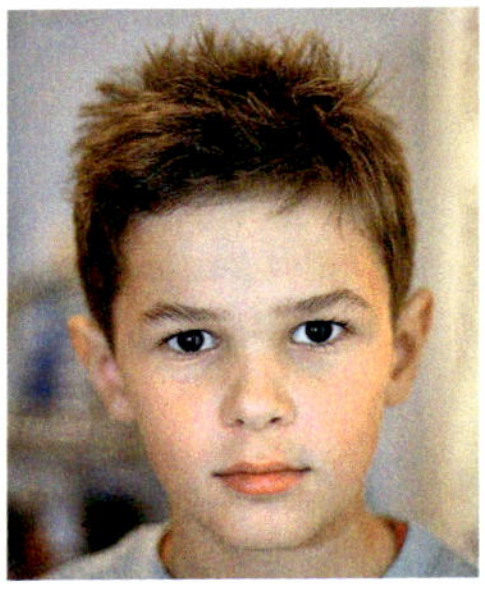

Julian, Schüler

Heinrich Merz, Rentner

Eleni Kostas, Übersetzerin

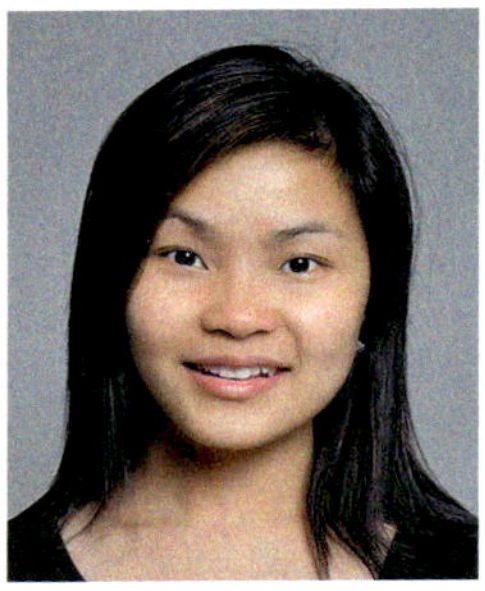

Lin Yan, Studentin

Ich denke, Julian benutzt gern das Internet.

Frau Kostas ist Übersetzerin. Vielleicht …

	wichtig/unwichtig	Warum?
Julian	wichtig	
Heinrich Merz		
Eleni Kostas		
Lin Yan		

2b **Was sagen die Menschen? Hören Sie. Waren Ihre Vermutungen richtig?** 8

2c Hören Sie die Interviews noch einmal und ordnen Sie zu. 8

Warum findet Julian das Internet gut?	1	A	Weil Bücher besser sind.
Warum braucht Herr Merz kein Internet?	2	B	Weil es dort Deutschübungen gibt.
Warum ist das Internet für Frau Kostas wichtig?	3	C	Weil man dort Wörterbücher findet.
Warum findet Lin Yan das Internet praktisch?	4	D	Weil man Online-Spiele spielen kann.

(1 – D)

!

Warum?

Lin Yan findet das Internet praktisch. Es **gibt** dort Deutschübungen.

Lin Yan findet das Internet praktisch, **weil** es dort Deutschübungen **gibt**.

3 Warum? Schreiben Sie Sätze mit *weil*.

Ü5–9

Warum braucht Herr Merz das Internet nicht?

1. Er liest lieber Bücher.

   Herr Merz braucht das Internet nicht, *weil er lieber Bücher liest.*

2. Er hat es auch früher nicht gebraucht.

   Herr Merz braucht das Internet nicht, ____________________

Warum findet Lin Yan das Internet praktisch?

3. Sie kann mit ihren Freunden in China chatten.

   Lin Yan findet das Internet praktisch, ____________________

4. Das Internet ist auch für das Studium nützlich.

   Lin Yan findet das Internet praktisch, ____________________

4 Ist das Internet wichtig für Sie? Schreiben Sie Sätze und berichten Sie im Kurs.

Das Internet ist für mich wichtig, weil ich Zeitungen aus meiner Heimat lesen kann.

Das Internet ist für mich nicht wichtig, weil …

B Fernsehen und Radio

1a Ü10

Das Fernsehprogramm. Finden Sie ein Beispiel für jede Rubrik.

DAS ERSTE

20.15 Tatort: Tödliche Souvenirs

16.05 **Giraffe, Erdmännchen & Co.** Zoogeschichten 770-712
16.30 **Rad: Tour de France** 96-996
live 6. Etappe: Gérone – Barcelona
TIPP Dazw. Tagesschau → 89
17.30 **Brisant** 7-793
18.00 **Verbotene Liebe** 17-422 Daily Soap, Deutschland 2009
18.25 **Marienhof** 3-752-625
18.50 **Eine für alle – Frauen können's besser** 82-354 Daily Soap, D 2009
19.20 **Quiz mit Jörg Pilawa** 424-996
19.45 **Wissen vor 8** 2-065-462 Was bedeutet „pasteurisiert"?
19.55 **Börse im Ersten** 9-341-441
20.00 **Tagesschau** 65-422

TV-KRIMI
20.15 **Tatort: Tödliche Souvenirs** A/D 02. Regie: Peter Sämann Im Lahnenberger Alpenhotel werden Gäste in Serie gemeuchelt, Kommissar Eisner (Harald Krassnitzer) tappt im Dunklen.

ZDF

20.15 Afrika – Wohin mein Herz …

6.00 **Kinderprogramm** U.a.: **6.25** Yakari **8.00** Bibi Blocksberg **8.25** 1, 2 oder 3 **9.00** pur+ Bibi und Tina **10.35** Löwenzahn
11.00 **heute** 82-487
11.05 **Die Küchenschlacht – der Wochenrückblick** 5-192-278
13.00 **heute** 89-079
13.05 **ZDFwochen-journal** 366-568
14.00 **Die Verbrechen des Professor Capellari: Zerbrechliche Beweise** TV-Krimi, D 2001 → 34 586-926
15.30 **Der Traum vom**
neu **Auswandern** (1/4) 73-384

TV-MELODRAM
20.15 **Afrika – Wohin mein Herz mich trägt** (2/2) 8-786-243 D 06. Nach dem Tod der Eltern haben Antonia (Sophie Schütt) und Bianca (Carolina Vera) viel zu tun, um die Farm in Namibia zu erhalten. Bei der Testaments-

SAT.1

20.15 Dich schickt der Himmel

17.00 **Niedrig und Kuhnt – Kommissare ermitteln** 2-755 Hätt' ich dich heut' erwartet
17.30 **Niedrig und Kuhnt** 5-842 **oder Regionalprogramme**
18.00 **Das Sat.1-Magazin** 6-571
18.30 **Anna und die Liebe** 1-262 Telenovela, D 2009. Anna freut sich über ihre Freundschaft mit Vanessa (Maike von Bremen)
19.00 **Lenßen & Partner** 9-649 Ermittlersoap Das Muttersöhnchen
19.30 **K 11 – Kommissare im Einsatz** 1-620
20.00 **Sat.1-Nachrichten** 72-709

FUSSBALL
19.45 **Fußball** 5-418-691
live Internationales Testspiel Marc Hagemann kommentiert. Die Bundesliga beginnt am 7. August mit dem ersten Spiel des Deutschen Meisters
20.45 **Boxen** 713-056 Titelkampf im Cruisergewicht

- der Fernsehfilm
- die Kindersendung
- das Quiz
- die Nachrichten
- der Krimi
- der Tierfilm
- die Sportsendung

Tatort ist ein Krimi.

1b

Wann kommen die Sendungen? Fragen und antworten Sie.

Wann kommt die Tagesschau?

Sie kommt um …

1c Ü11

Was für eine Sendung ist das? Hören Sie. 9

Nummer eins ist ein Krimi.

2 Ü12–14

Bringen Sie ein Fernsehprogramm mit und planen Sie einen Fernsehabend.

Wollen wir … sehen? / Möchtest du … sehen?

☺ Ja gern. / Ja, das ist eine gute Idee. / Ja, das finde ich spannend.

☹ Nicht so gern, ich möchte lieber … / Nein, ich mag kein/e … / Nein, … finde ich langweilig.

i

GEZ Für einen Fernseher oder ein Radio müssen Sie bei der GEZ eine Gebühr bezahlen. Haben Sie keinen Fernseher, aber einen Computer? Dann müssen Sie auch eine Gebühr bezahlen.

3a Was glauben Sie: Wie lange nutzen die Menschen diese Medien pro Tag?

Fernsehen – Zeitschriften – Internet – Radio – Tageszeitungen – Bücher

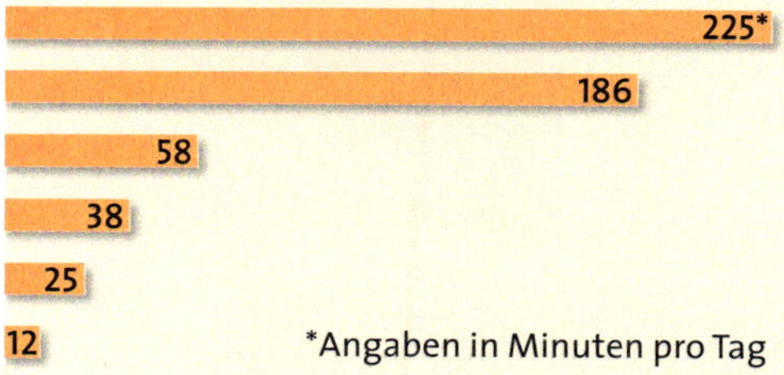

Fernsehen 225 Min. – Radio 186 Min. – Internet 58 Min. – Tageszeitung 38 Min. – Bücher 25 Min. – Zeitschriften 12 Min.

3b Lesen Sie den Text. Schreiben Sie Fragen zum Text. Beantworten Sie dann die Fragen.

Ü15

Alle sprechen vom Internet und vom Fernsehen, das Radio ist nur selten Gesprächsthema. Aber: Das Radio ist nach dem Fernsehen immer noch das Medium Nummer 2! Die Menschen hören pro Tag im Durchschnitt 186 Minuten Radio. Am Morgen hören sie Radio beim Frühstück, sie schalten das Autoradio ein, weil es Verkehrsmeldungen gibt. Auch bei der Arbeit läuft das Radio. Es bietet Informationen aus der ganzen Welt, den Wetterbericht und Musik und man hört immer die Uhrzeit.

Welches Medium ist auf Platz eins? *Wann ...?*
Wie lange hören ...? *Was ...?*

4a Hören Sie die Radiowerbung. Welche Werbung passt? Ordnen Sie zu. 10

4b Hören Sie noch einmal und ergänzen Sie die Preise. 10

5 Wählen Sie ein Produkt aus und machen Sie einen Werbespot. Spielen Sie im Kurs.

„Hallo wach" Kaffee

Diätmenü „Schlanke Linie"

Wohlfühlsessel „Feierabend"

bequem – entspannend nach der Arbeit – Pause – für den großen Hunger – gesund – macht schlank – gibt Energie – ...

6a Meinungen über das Fernsehen. Hören Sie die Diskussion. Kreuzen Sie an: Wer findet das Fernsehen gut, wer findet es schlecht? 11

Ü16

	🙂	☹
1. Frau Hegel	○	○
2. Herr Friedrichsen	○	○
3. Frau Wissmann	○	○
4. Herr Gottfried	○	○

6b Was sagen die Personen? Hören Sie noch einmal und ordnen Sie zu. 11

Frau Hegel 1 ○ — ○ A Es gibt zu viel Werbung.
Herr Friedrichsen 2 ○ — ○ B Das Radio hat mehr Informationssendungen.
Frau Wissmann 3 ○ — ○ C Das Fernsehen bietet gute Informationen.
Herr Gottfried 4 ○ — ○ D Kinder können in Kindersendungen viel lernen.

6c Die eigene Meinung sagen. Ergänzen Sie die Sätze.

Ü17

Das Fernsehen bietet gute Informationen.
Ich finde, **dass** das Fernsehen gute Informationen bietet.

1. Frau Hegel: Ich finde, *dass das Fernsehen gute Informationen* ____
2. Herr Friedrichsen: Ich denke, *dass* ____
3. Frau Wissmann: Ich meine, ____
4. Herr Gottfried: Es ist gut, ____

7 Was meinen Sie? Fragen und antworten Sie.

Ü18+19

Sehen Kinder zu viel fern?
Informiert das Fernsehen schlechter als Zeitungen?
Brauchen wir heute noch Bücher?
Bietet das Internet mehr als andere Medien?

Ich meine, dass ...
Ich denke, dass ...
Ich finde, dass ...
Ich bin dafür, dass ...
Ich bin dagegen, dass ...
Ich finde es gut/schlecht, dass ...
Es ist gut/schlecht, dass ...

Findest du, dass Kinder zu viel fernsehen?

Nein, ich denke, dass viele Kindersendungen gut sind.

Also, ich bin dagegen, dass Kinder immer fernsehen!

C E-Mail und Co

1a Ein E-Mail-Programm verstehen. Was passt? Ordnen Sie zu.

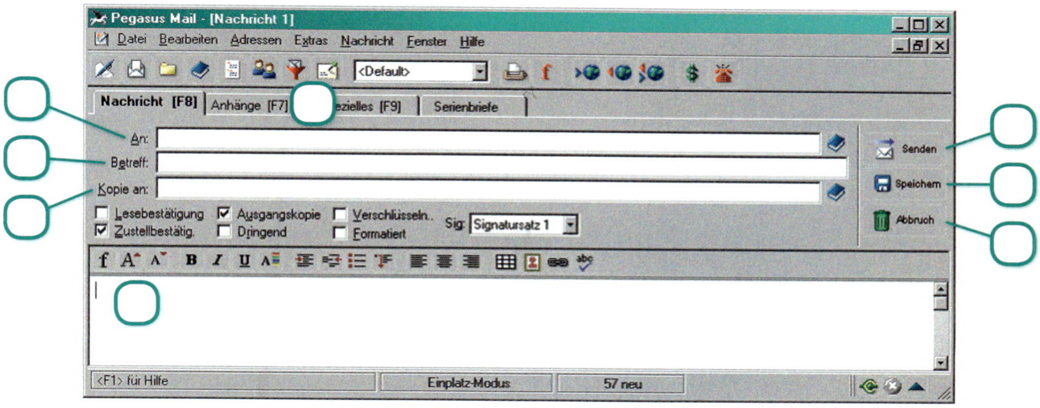

A Hier schreibt man den Text.
B Hier steht die E-Mail-Adresse vom Empfänger.
C Hier schickt man die E-Mail ab.
D Hier kann man Dateien anhängen.
E Hier kann man die E-Mail speichern.
F Hier kann man die E-Mail an weitere Personen schicken.
G Hier kann man die E-Mail wieder löschen.
H Hier schreibt man kurz das Thema.

1b Eine E-Mail schreiben. Wie machen Sie das? Erzählen Sie.

Ü20

das E-Mail-Programm öffnen – den Empfänger auswählen – den Betreff schreiben – den Text schreiben – Dateien anhängen – die E-Mail abschicken – das E-Mail-Programm schließen

Zuerst öffne ich das E-Mail-Programm. Dann ...

2 Projekt: Internetanbieter. Informieren Sie sich und berichten Sie im Kurs.

Haben Sie einen Internetzugang? Wie heißt Ihr Internetanbieter?
Wie viel kostet ein Internetzugang pro Monat? Vergleichen Sie die Preise.
Haben Sie eine E-Mail-Adresse?
Wo kann man E-Mail-Adressen bekommen?

2 Alles klar!

Kommunikation

1 Meinungen sagen. Ergänzen Sie die Sätze.

schlecht – meine – praktisch – dagegen – dafür

1. Ich finde das Radio __________, weil es viele Informationen gibt.
2. Ich bin __________, dass Kinder so viel fernsehen. Es ist nicht gut für sie.
3. Ich __________, dass viele Kinder mit dem Internet viel lernen können.
4. Ich bin __________, dass wir mehr lesen, denn Bücher sind besser als Fernsehen.
5. Die Krimis im Fernsehen sind oft __________ und nicht interessant.

2a Ordnen Sie den Dialog. Kontrollieren Sie dann mit der CD. 12

( ) Ja, gern.
(1) Was kommt heute im Fernsehen?
( ) Ja, das stimmt. Das ist auch interessant.
( ) Super. Wollen wir dann lieber das Quiz sehen?
( ) Um 20.15 Uhr kommt ein Krimi. Hast du Lust?
( ) Hm, Krimis sehe ich nicht so gern. Ich glaube, dass es auch ein Quiz gibt.

2b Variieren Sie den Dialog und spielen Sie.

1. 19.00 Uhr: Nachrichten / Tiersendung
2. 20.15 Uhr: Sportsendung / Musiksendung
3. 22.00 Uhr: Fernsehfilm / Krimi

Wortschatz

3a Wie heißen die Medien? Schreiben Sie die Wörter mit Artikel.

1  __________

2  __________

3  __________

4  __________

5  __________

3b Ergänzen Sie die Sätze mit den Wörtern aus 3a.

1. Pia kann ohne ______________ nicht leben, weil sie gern im Internet surft.
2. Paul telefoniert nur mit dem ______________, weil er viel unterwegs ist.
3. Roman hört bei der Arbeit immer ______________. Dann kann er besser arbeiten.
4. Miriam liest abends gern die ______________ oder ein ______________.

Grammatik

4 Frau Beck ist krank. Schreiben Sie Sätze mit *weil*.

1. Warum bleibt Frau Beck heute zu Hause? Sie ist krank.

   Frau Beck bleibt heute zu Hause, weil ______________

2. Warum ruft sie in der Arztpraxis an? Sie braucht einen Termin.

   Sie ruft in der Arztpraxis an, weil ______________

3. Warum geht Frau Beck zur Apotheke? Sie holt dort Medikamente ab.

   ____

4. Warum geht es ihr am Nachmittag besser? Sie hat das Medikament genommen.

   ____

5 Unser Urlaub. Ergänzen Sie die Sätze.

1. Wir machen im Herbst Urlaub.
   Meine Frau ist dafür, dass ______________
2. Die Hotels sind dann billiger.
   Sie denkt, dass ______________
3. Urlaub im Sommer ist schöner.
   Ich finde, dass ______________

Flüssig sprechen

6 Hören Sie zu und sprechen Sie nach. 13

2 Gewusst wie

Kommunikation

Über Medien sprechen

Das Handy benutze ich täglich. Morgens lese ich immer die Tageszeitung. Mittags höre ich manchmal Radio und abends sehe ich fern. Das Internet ist für mich sehr wichtig, weil ich dort viele Informationen finde.

Etwas begründen

Ich benutze das Internet oft, weil ich es für meine Arbeit brauche.
Ich habe keinen Fernseher, weil ich lieber Bücher lese.

Die eigene Meinung sagen

Ich bin dagegen, dass Kinder so viel fernsehen.
Ich denke, dass es im Radio gute Informationssendungen gibt.
Es ist gut, dass man im Internet viele Informationen bekommt.

Vorschläge machen und auf Vorschläge reagieren

Wollen wir den Krimi sehen?

🙂	☹
Ja, gern.	Nicht so gern, ich möchte lieber das Quiz sehen.
Ja, das ist eine gute Idee.	Nein, ich mag kein/e ...
Ja, das finde ich spannend.	Nein, das finde ich langweilig.

Grammatik

Nebensätze mit *weil*

Warum braucht Herr Merz das Internet nicht? Er liest lieber Bücher.
Herr Merz braucht das Internet nicht, **weil** er lieber Bücher liest.

Warum kauft sie das Kleid? Es sieht gut aus.
Sie kauft das Kleid, **weil** es gut aussieht.

Nebensätze mit *dass*

Kinder können in Kindersendungen viel lernen.
Ich finde, **dass** Kinder in Kindersendungen viel lernen können.

Sie lernen:

- über das Wochenende sprechen
- sagen, wohin man geht/fährt
- eine SMS schreiben und beantworten
- im Restaurant bestellen und bezahlen
- „ja", „nein" und „doch"
- Wechselpräpositionen mit Dativ und Akkusativ

3

Endlich Wochenende

1 Was machen die Leute auf den Fotos? Sammeln Sie und schreiben Sie Sätze.

Ü1+2

Foto 1: Kinder spielen. Zwei Frauen ...
Foto 2: Eine Frau kauft ein. Ein Mann ...

2 Was machen Sie oft samstags und sonntags? Erzählen Sie.

Ü3

Was machst du samstags?

Ich kaufe oft ein und ...

samstags = immer am Samstag
sonntags = immer am Sonntag

einkaufen – Eis essen – schwimmen – Freunde treffen – Kaffee trinken – Picknick machen – tanzen – grillen – lange frühstücken – spazieren gehen – essen gehen – die Zeitung lesen – lange schlafen

A Wohin gehen wir?

1 Wo ist Mark? Schreiben Sie.

1 

2 

3 

_____ Deutschkurs   _____ Disko   _____ Fußballstadion

2a Wochenendpläne. Lesen Sie die E-Mail und kreuzen Sie an: richtig oder falsch?

Cc:
Betreff:
Anlagen: *keine*
Schriftart Schriftgr

Hallo Niklas,
wie geht es dir? Mir geht es super, denn ich habe gestern meinen Deutschtest bestanden 🙂!!! Am Freitag komme ich nach Hause. Wollen wir etwas zusammen machen? Wir können in das neue Fußballstadion gehen. Oder wir gehen zuerst in die Stadt und danach in den Wald joggen. Und abends in die Disko? Im Kult Keller gibt es immer gute Musik! Schreib schnell zurück.
Bis bald
Mark

	R	F
1. Mark hat am Freitag eine Deutschprüfung.	○	○
2. Mark möchte ins Restaurant gehen.	○	○
3. Mark will tanzen gehen.	○	○

2b Wohin möchte Mark gehen? Lesen Sie noch einmal und unterstreichen Sie in 2a. Ergänzen Sie danach den Grammatikkasten.

Ü4

!

Wohin? + Akkusativ	**Wo? + Dativ**	*genauso:* an, auf, hinter, vor, über, unter, neben, zwischen	
in _____ Wald	**im** Wald		
in _____ Fußballstadion	**im** Fußballstadion		
in _____ Stadt	in **der** Stadt	in das = ins	an das = ans
in **die** Geschäfte	in **den** Geschäften	in dem = im	an dem = am

2c Wohin will Niklas gehen? Wählen Sie zwei Möglichkeiten und schreiben Sie Mark.

Lieber Mark,

vielen Dank für deine E-Mail. Toll, dass du kommst. Ich möchte sehr gern mit

dir ______________________. Oder wir

gehen ______________________.

Liebe Grüße
Niklas

3a Ü5–7 Im Café. Was sehen Sie auf Bild 1? Was passiert auf Bild 2? Schreiben Sie Sätze.

auf dem Tisch – unter dem Stuhl – im Glas – vor dem Café – neben der Tasse – über dem Stuhl

auf den Baum – ins Café – unter den Schirm – auf den Boden – neben die Katze – auf den Stuhl

Niklas und Mark sind im Café.
Der Löffel ist …

Sie laufen in …
Der Löffel fällt …

3b Ü8 Wo und wohin? Fragen und antworten Sie.

Wo ist der Kellner? — *Der Kellner steht vor dem Café.*

Wohin läuft der Kellner? — *Der Kellner läuft unter den Schirm.*

4 Ü9 Wo waren Sie am letzten Wochenende? Wohin sind Sie gegangen? Erzählen Sie.

B Bis Sonntag!

1a Lesen Sie die SMS und ergänzen Sie die Informationen.

Verfassen
Ich habe einen neuen Job! 🙂 Das müssen wir feiern. Am Sonntag 19 Uhr im El Sol? Oder habt ihr keine Zeit? LG Svenja

Verfassen
Hi, doch, wir haben Zeit und kommen gern! Herzlichen Glückwunsch! Bis Sonntag, Pavel und Nina

Verfassen
Liebe Svenja,
das ist super, aber leider habe ich keine Zeit. Ich muss arbeiten.
LG Marika

WAS?		WO?	
WANN?		WER KOMMT?	

1b Hören und lesen Sie den Dialog. Wer kommt? 14

Ü10

- Hallo Svenja, kommt Marika am Sonntag?
- Nein, sie muss arbeiten.
- Und Nina? Kommt sie auch nicht?
- Doch, sie kommt.
- Und was ist mit Pavel? Hat er keine Zeit?
- Doch, natürlich! Er kommt auch.

!
Hast du Zeit? 🙂 Ja. / 🙁 Nein.
Hast du **keine** Zeit?
Kommst du **nicht**? 🙂 Doch. / 🙁 Nein.

2 Fragen und antworten Sie.

Ü11–13

Haben Sie die Hausaufgaben gemacht?
Haben Sie die Übung nicht verstanden?
Haben Sie heute keinen Unterricht?
Beginnt der Unterricht heute später?

Hast du keinen Hunger?
Schmeckt dir das Essen?
Isst du nicht gern Fisch?
Trinkst du gern Kaffee?

3 Schreiben Sie Fragen. Fragen und antworten Sie mit *ja*, *nein* oder *doch*.

4a Im Restaurant. Lesen Sie und ordnen Sie die Fotos den Dialogen zu.

Ü14

1

2

3

◯ reservieren

- Ich möchte einen Tisch reservieren.
- Für wie viele Personen?
- Für vier Personen. Am Sonntagabend.
- Um wie viel Uhr?
- Um 20 Uhr.

◯ bestellen

- Möchten Sie bestellen?
- Ja, ich hätte gern das Steak.
- Gern, und was möchten Sie trinken?
- Ich nehme einen Rotwein.

◯ bezahlen

- Die Rechnung, bitte.
- Ich komme sofort. Zusammen oder getrennt?
- Zusammen, bitte.
- Das macht 67,20 Euro.
- 70 Euro. Stimmt so.
- Vielen Dank.

4b Hören Sie und kreuzen Sie in 4a an: Welches Foto passt? 15

4c Hören Sie noch einmal und ergänzen Sie die Reservierung. 15

SAMSTAG, 31.07.		
18 Uhr		Herr Schmidt,
19 Uhr	Herr Meier,	2 Personen
20 Uhr	4 Personen	
21 Uhr		Frau Kuhn,
22 Uhr		3 Personen
23 Uhr		

5a Ü15–17

Im Restaurant. Wählen Sie eine Situation aus und schreiben Sie einen Dialog.

reservieren
- Ich möchte einen Tisch reservieren.
- Wann? Wie viele Personen?
- Am ... um ... Uhr.
- Ja, das geht. / Geht es später?

bestellen
- Möchten Sie bestellen?
- Ich hätte gern ... / Ich nehme ...
- Was möchten Sie trinken?
- Ich nehme ... / Eine/n ..., bitte.

bezahlen
- Die Rechnung, bitte.
- Getrennt oder zusammen?
- Getrennt. / Zusammen.
- Das macht dann ...
- Danke, stimmt so.

Restaurant am Park

Vorspeisen

Kartoffelsuppe	€ 3,20
Tomaten-Basilikum-Suppe	€ 3,40
Italienischer Salat	€ 5,65

Hauptspeisen

Rindergeschnetzeltes mit Champignons und Reis	€ 10,80
Spaghetti mit Basilikum-Pesto und Tomaten	€ 9,65
Matjesfilet mit Bratkartoffeln	€ 8,90
Schweinefilet in feiner Pfeffersauce mit Backkartoffel	€ 11,70
Schweineschnitzel mit Gemüse und Kartoffelsalat	€ 10,40
Sauerbraten mit grünen Bohnen und Klößen	€ 9,90

Nachspeisen

Schokoladenquark	€ 2,75
Apfelstrudel mit Vanilleeis	€ 3,15
Zitroneneis mit Früchten	€ 3,40

Getränke

Mineralwasser	0,2 l	€ 1,95
Aprikosensaft	0,2 l	€ 2,15
Apfel/Orangensaft	0,2 l	€ 2,00
Fanta/Cola/Sprite	0,2 l	€ 2,15
Bier	0,3 l	€ 2,30
Rotwein	0,2 l	€ 2,70
Weißwein	0,2 l	€ 2,70
Sekt	0,1 l	€ 3,20
Kaffee		€ 2,20
Cappuccino		€ 2,60
Espresso		€ 1,80
Tee		€ 2,20

5b Spielen Sie den Dialog im Kurs.

C Was machen wir am Sonntag?

1a Ü18 **Was machen die Personen am Sonntag? Lesen Sie die Texte und unterstreichen Sie im Text.**

Valerij Nekrasov (24), Hamburg
Mein Sonntag ist leider oft langweilig. Ich wohne erst seit fünf Monaten in Hamburg und habe hier noch keine Freunde. Meine Kollegen sind alle verheiratet und verbringen den Sonntag mit ihrer Familie. Oft gehe ich nach dem Frühstück spazieren oder ins Fitnessstudio. Manchmal bleibe ich zu Hause und sehe fern.

Familie Genc: Erdogan (36), Fatma (34), Ayse (8) und Schechmus (14), Berlin
Fatma: Im Sommer sind wir oft mit der ganzen Familie im Garten. Wir laden dann Verwandte und Freunde ein und grillen oder trinken Tee zusammen. Wir besuchen auch gern meine Schwiegereltern. Viele von unseren Verwandten leben in Berlin.
Ayse und Schechmus: Sonntags dürfen wir lange schlafen!!!

Ehepaar Hoffmann: Hans (68) und Helga (69), Bad Tölz
Wir sind beide Rentner und am Sonntag kommen oft unsere Kinder mit den Enkeln. Wir trinken dann Kaffee und essen Kuchen. Das Haus ist voll und wir haben viel Spaß zusammen. Manchmal sind wir allein. Dann lesen wir oder gehen spazieren.

1b **Was möchten Sie noch von den Personen wissen? Fragen und antworten Sie.**

Wer? – Was? – Wo? – Warum? – Wie? – Wann? – Wohin? – Seit wann?

Seit wann wohnt Familie Genc in Berlin?

Ich glaube, dass Familie Genc schon lange in Berlin wohnt.

2 **Was haben Sie am Wochenende in Ihrer Heimat gemacht? Was machen Sie in Deutschland? Erzählen Sie.**

3 Alles klar!

Kommunikation

1 Was machen wir? Lesen Sie die SMS und schreiben Sie eine Antwort.

Verfassen

Hi, hast du morgen Abend Zeit? Gehen wir ins Kino? Oder essen? Fragst du auch Anna?
LG Sonja

Hallo Sonja,
Ja, ich habe morgen Abend Zeit. Ich gehe gerne ins Swimmbad und dann essen.
Was meinst du?

2a Im Restaurant. Wer sagt was? Markieren Sie: Kellner – grün, Gast – rot.

Guten Tag. – Was nehmen Sie? – Guten Tag, die Speisekarte, bitte. – Wir hätten gern das Steak mit Pommes Frites und Salat. – Und was möchten Sie trinken? – Wir möchten zahlen. – Das macht dann 23,80 Euro. – 25 Euro, stimmt so. – Zusammen oder getrennt? – Zusammen. – Cola und ein Mineralwasser, bitte.

2b Schreiben und spielen Sie die Dialoge.

- Guten Tag.
- Guten Tag, die Speisekarte, bitte.
- Was
-
-
-

- Wir möchten zahlen.
- Zusammen oder
-
-
-

Wortschatz

3 Welches Wort passt nicht? Streichen Sie.

1. Vorspeise – Nachspeise – Speisekarte – Hauptspeise
2. Löffel – Glas – Gabel – Messer
3. verbringen – bestellen – bezahlen – reservieren
4. Fußballstadion – Fitnessstudio – Schwimmbad – Kino

Grammatik

4 Kreuzen Sie an: Was ist richtig?

1. Niklas und Mark gehen ☐ im Restaurant ☒ ins Restaurant.
2. Sie sitzen ☒ am Tisch ☐ an den Tisch.
3. Der Tisch ist ☒ unter dem Schirm ☐ unter den Schirm.
4. Die Speisekarte ist ☐ auf den Tisch ☒ auf dem Tisch.
5. Der Kaffee ist ☒ in der Tasse ☐ in die Tasse.
6. Eine Katze läuft ☒ unter den Tisch ☐ unter dem Tisch.
7. Der Kellner bringt die Teller ☒ in die Küche ☐ in der Küche.
8. Nach dem Essen gehen sie ☐ im Kino ☒ ins Kino.

5a Wo war Simone gestern? Schreiben Sie Sätze.

1. das Kino: Simone war gestern im Kino
2. der Spielplatz: Simone war gestern ~~im~~ auf dem Sielplatz
3. die Stadt: Simone war gestern in der Stadt

5b Wohin geht sie heute? Schreiben Sie Sätze.

1. das Café: Sie geht heute in das Cafe
2. der Wald: Sie geht heute in den Wald
3. die Disko: Sie geht heute in die Disko

6 *Ja*, *nein* oder *doch*? Schreiben Sie Antworten.

1. Haben Sie morgen Abend Zeit? 🙂 ______
2. Magst du keine Liebesfilme? ☹ ______
3. Möchten Sie diese Übung nicht schreiben? 🙂 ______
4. Warst du gestern im Supermarkt? ☹ ______
5. Haben Sie am Wochenende Deutsch gelernt? 🙂 ______
6. Tanzen Sie nicht gern? 🙂 ______

Flüssig sprechen

7 Hören Sie zu und sprechen Sie nach. 16

3 Gewusst wie

Kommunikation

Über das Wochenende sprechen

Sonntags schlafe ich immer lange.
Samstags kaufe ich immer ein.
Sonntags sind wir oft im Garten.

Sagen, wohin man geht/fährt

Wir gehen gern ins Theater.
Im Sommer fahren wir ans Meer.
Mein Sohn geht um acht Uhr in die Schule.

Im Restaurant bestellen und bezahlen

Kellner	**Gast**
Möchten Sie bestellen?	Die Speisekarte, bitte.
Was nehmen Sie?	Ich hätte gern das Steak und einen Salat.
Und was möchten Sie trinken?	Wir nehmen eine Cola und ein Wasser.
Zusammen oder getrennt?	Die Rechnung, bitte.
Das macht 36,20 Euro.	Zusammen, bitte.
Vielen Dank.	Stimmt so.

Grammatik

Wechselpräpositionen

an, auf, hinter, vor, über, unter, neben, zwischen, in

Wohin? → Akkusativ	**Wo? → Dativ**	
in **den** Wald	**im** Wald	in das = ins
in **das** Fußballstadion	**im** Fußballstadion	in dem = im
in **die** Stadt	in **der** Stadt	an das = ans
in **das** Geschäft	in **die** Geschäfte	an dem = am

Ja, nein und *doch*

Hast du Zeit?	🙂 Ja, natürlich.
	🙁 Nein, leider nicht.
Hast du keine Zeit?	🙂 Doch, ich habe Zeit.
	🙁 Nein, heute habe ich keine Zeit.
Kommst du nicht?	🙂 Doch, natürlich komme ich.
	🙁 Nein, ich kann leider nicht kommen.

Sie lernen:

- *über die Schule in Deutschland sprechen*
- *über die Vergangenheit sprechen*
- *Briefe aus der Schule*
- *beim Elternabend*
- *Modalverben im Präteritum*
- *Nebensätze mit „wenn"*

4

Schule

1a Ü1

Sehen Sie sich die Bilder an und hören Sie. Sammeln Sie Wörter im Kurs. 17

Lehrerin — **Schule** — Pause

1b Ü2

Schule in Ihrer Heimat. Erzählen Sie.

Meine Lehrerin war sehr nett.

In meiner Heimat müssen die Schüler …

Mein Lehrer / Meine Lehrerin war streng/freundlich/...
Mein Lieblingsfach war ...
Wir hatten viele/wenige Hausaufgaben ...
In der Pause waren die Schüler auf dem Schulhof / in der Klasse/...
In den Ferien war/hatte ich ...
In unserer Heimat gibt es Noten von ... bis ...
In meiner Heimat haben die Schüler Unterricht in ...
In meiner Heimat hat man lange/kurze/viel Ferien.

Englisch

Geschichte

Kunst

Sport

Musik

Physik

Deutsch

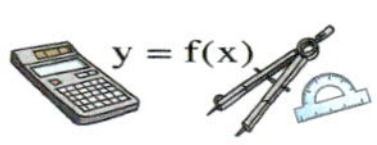

Mathematik

Biologie

Chemie

A Schulen in Deutschland

1 Welche Schulen in der Grafik kennen Sie? Erzählen Sie im Kurs.

In Deutschland gehen die Schüler bis zur 4. oder 6. Klasse in …

Nach der Grundschule kann man …

Meine Tochter / Mein Sohn besucht …

2a Lesen Sie und markieren Sie die Schulwege von Meike und Sina in der Grafik.

Ü3+4

Frau Stoßberg, 43, Gütersloh

Meine Tochter Meike ist nur ein Jahr in die Kita gegangen. Mit sechs Jahren ist sie in die Grundschule gekommen. Meike hat dort schnell Freundinnen gefunden. Nach vier Schuljahren habe ich sie an der Realschule angemeldet. Meike findet Technik toll. Deshalb hat sie nach der 10. Klasse eine Ausbildung zur Kfz-Mechatronikerin bei der Firma Auto-Becker begonnen und ist jetzt im zweiten Ausbildungsjahr. Wenn sie einen guten Abschluss haben möchte, muss sie auch am Wochenende lernen. Drei Tage in der Woche ist sie in der Autowerkstatt und zwei Tage geht sie in die Berufsschule. Die Ausbildung gefällt ihr sehr. Wenn sie Glück hat, dann bleibt sie nach der Ausbildung in der Firma.

Sina Berger, 18, Düsseldorf

Ich bin mit drei Jahren in die Kita gekommen, weil meine Eltern beide arbeiten. Dann war ich vier Jahre in der Grundschule. Ich hatte gute Noten und deshalb bin ich auf das Gymnasium gekommen. Auf dem Gymnasium hatte ich am Anfang nicht so gute Noten und habe Nachhilfe bekommen. Doch jetzt ist das anders. Wenn meine Noten im Abitur sehr gut sind, kann ich Medizin studieren. Ich möchte endlich mal weg von zu Hause. Wenn ich einen Studienplatz in Rostock bekomme, dann lebe ich direkt am Meer. Aber meine Eltern möchten, dass ich in Düsseldorf studiere. Wenn ich hier bleibe, kann ich nämlich bei ihnen wohnen.

2b Was passt? Verbinden Sie die Sätze.

Ü5–7

Wenn Meike einen guten Abschluss haben möchte, **1**	**A** kann sie bei ihren Eltern wohnen.
Wenn Meike Glück hat, **2**	**B** dann lebt sie direkt am Meer.
Wenn Sina in Rostock studiert, **3**	**C** muss sie auch am Wochenende lernen.
Wenn Sina ein gutes Abitur macht, **4**	**D** kann sie Medizin studieren.
Wenn Sina in Düsseldorf studiert, **5**	**E** dann kann sie bei der Firma Auto-Becker bleiben.

!

Wenn Sina einen Studienplatz in Rostock	bekommt,	**(dann)**	lebt	sie direkt am Meer.
Wenn Meike einen guten Abschluss haben	möchte,	**(dann)**	muss	sie viel lernen.

3 Ausbildung oder Studium? Geben Sie Niklas Tipps.

Ü8

Wenn du eine Ausbildung machst, musst du drei Tage in der Woche arbeiten.
Wenn du studieren willst, ...

Ausbildung?

1. Du bekommst ein Gehalt.
2. Du gehst in die Berufsschule.
3. Du musst immer pünktlich sein.

Studium?

1. Du musst viel lernen.
2. Du musst fleißig sein.
3. Du lernst neue Menschen kennen.
4. Du verdienst erst kein Geld.

4a Was tun, wenn ...? Schreiben Sie Fragen.

Ü9

1. Sie haben Hunger.
2. Sie haben Langeweile.
3. Das Wetter ist gut und die Sonne scheint.
4. Das Wetter ist schlecht und es regnet.

Was machen Sie, wenn Sie Hunger haben?

4b Antworten Sie auf die Fragen in 4a.

Ü10

in ein Restaurant gehen – im Supermarkt einkaufen – Essen kochen – ein Buch lesen – ins Kino gehen – Freunde anrufen – spazieren gehen – ins Schwimmbad gehen – an den See fahren – zu Hause bleiben – fernsehen – die Wohnung aufräumen

Wenn ich Hunger habe, gehe ich in ein Restaurant.

5 Hören Sie und kreuzen Sie an: richtig oder falsch? 18

Ü11+12

	R	F
1. Yasmin hat auf dem Zeugnis eine Eins in Deutsch, aber eine Vier in Sport.	○	○
2. Wenn Marcel eine Ausbildung machen will, muss er eine Drei in Deutsch haben.	○	○
3. Svenja hat in allen Fächern eine Zwei oder eine Eins. Sie kann Medizin studieren.	○	○

Noten in Deutschland

1 = sehr gut
2 = gut
3 = befriedigend
4 = ausreichend
5 = mangelhaft
6 = ungenügend

B Schule früher und heute

1a Ü13+14

Lesen Sie die Texte. Wie war es früher? Wie ist es heute? Sammeln Sie im Kurs.

Frau Sikorra: Wir sind damals bis zum Abitur in einer Klasse geblieben. Wir durften keine Fächer wählen. Heute dürfen die Kinder viel mehr Kurse auswählen. Früher wollten auch nicht so viele das Abitur machen. Viele wollten direkt arbeiten und Geld verdienen. Heute ist das anders.

Herr Andres: Wenn wir die Hausaufgaben nicht hatten, mussten wir länger in der Schule bleiben und nachsitzen. Aber wir mussten auch nicht so viel lernen. Heute müssen die Kinder sehr viel lernen, wenn sie einen guten Abschluss haben wollen.

Herr Pellegrini: Wir mussten früher aufstehen, wenn unser Klassenlehrer eine Frage gestellt hat. Heute dürfen die Kinder sitzen bleiben. Früher konnte man aber mit einem Hauptschulabschluss einen guten Beruf lernen. Heute ist das leider schwieriger.

Wir durften keine Fächer wählen. *Heute dürfen die Kinder …*

!

	müssen	**können**	**dürfen**	**wollen**
ich	musste	konnte	durfte	wollte
du	musstest	konntest	durftest	wolltest
er/es/sie/man	musste	konnte	durfte	wollte
wir	mussten	konnten	durften	wollten
ihr	musstet	konntet	durftet	wolltet
sie/Sie	mussten	konnten	durften	wollten

1b Ü5

Ergänzen Sie: *müssen, dürfen, können, durfte, konnte, musste.*

1. Frau Sikorra durfte keine anderen Fächer wählen.
2. Heute dürfen die Schüler viele Kurse wählen.
3. Herr Andres musste nicht so viel für die Schule lernen.
4. Heute müssen die Schüler viel lernen.
5. Herr Pellegrini Konnte nach der Hauptschule einen guten Beruf lernen.
6. Heute Können die Schüler nicht so oft einen guten Beruf bekommen.

2a Wie war Ihre Schulzeit? Schreiben Sie Sätze.

Ü16

In meiner Schulzeit konnte / musste / durfte ich (nicht) ...

viele/wenige Hausaufgaben machen – in der Schule frühstücken / Mittag essen – viele Fächer wählen – nachsitzen – nachmittags Freunde/Freundinnen treffen

2b Unsere Schulzeit. Sammeln Sie in der Gruppe und machen Sie ein Plakat. Erzählen Sie anschließend im Kurs.

Ü17+18

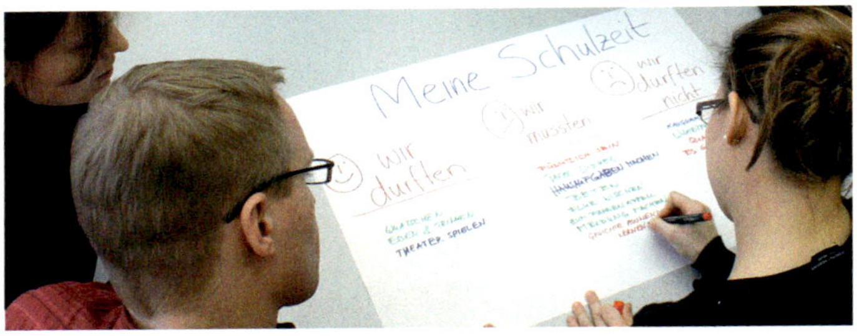

Wir konnten ...

Wir mussten ...

Wir durften nicht ...

3 Ein Elternabend. Hören Sie und kreuzen Sie an: Über welche Themen sprechen die Eltern und die Lehrerin? 19

- O Ausflüge
- O Klassenkasse
- O Klassenfahrt
- O Sportunterricht
- O Klassenarbeiten
- O Schwimmunterricht
- O Handys
- O Fahrräder
- O Schulbücher

4 Eltern fragen – Lehrer antworten. Schreiben und spielen Sie die Dialoge.

Wie viel kostet das Übungsheft für Mathematik?

Es kostet 3,95 Euro.

Welche Bücher/Hefte/... brauchen die Kinder?
Dürfen die Kinder Taschengeld/Handys/MP3-Player mitnehmen?

Wie viel kostet die Klassenfahrt / der Ausflug / das Übungsheft?
Dürfen die Kinder allein nach Hause gehen?
Wann ist ...?

5a Ü19

Briefe von der Schule. Wann und wo sind die Termine? Ergänzen Sie den Kalender.

1

Liebe Eltern der 9c,

Unser Elternabend ist am 25. 05. um 19 Uhr in Raum 311

Wir sprechen über die Klassenfahrt:

1. Wohin fahren wir? Nach Berlin, München oder ins Sauerland?
2. Welche Hilfe gibt es bei den Kosten für die Fahrt?
3. Wie viel Taschengeld dürfen die Kinder mitnehmen?

Wenn Sie noch mehr Fragen haben, dann können wir sie gern besprechen.

Herzliche Grüße

Ihr Frank Neuhaus

2

Liebe Eltern der 7.2,

am 22. 04. gehen wir in den Film „Krabat". Geben Sie bitte Ihrem Kind für den Film 5 € mit. Die Schüler/innen sollen um 9.30 Uhr am Hauptbahnhof sein. Der Film ist um 11.45 Uhr zu Ende. Bitte holen Sie dann Ihr Kind ab.

Unterschreiben Sie bitte den unteren Abschnitt, wenn Ihr Kind allein nach Hause fahren darf. Ihr Kind muss den Abschnitt zur Schule zurückbringen.

Mit freundlichen Grüßen

Irene Beilig

✂ ....

Mein Kind darf nach dem Film am 22. 04. allein nach Hause gehen.

____

Unterschrift

Donnerstag, 22. 04.	Dienstag, 25. 05.

5b Ü20

Lesen Sie die Texte noch einmal und beantworten Sie die Fragen.

1. Was will der Lehrer von Klasse 9c mit den Eltern besprechen?
2. Wie heißt der Klassenlehrer?
3. Welchen Film will die Klasse 7.2 sehen?
4. Was sollen die Schüler mitbringen?
5. Wann sollen die Eltern die Kinder abholen?

4 Alles klar!

Wortschatz

1 Ergänzen Sie.

Noten – Lieblingsfach – Klasse – Nachhilfe – Ausflug – Elternabend – Ferien

1. Emre geht jetzt in die 7. ___Klasse___. Sein ___Liebingsfach___ ist Sport.
2. Die Klassenlehrerin hat gesagt, dass Emre gute ___Nonken___ hat. Nur in Mathematik muss er wohl ___Nachhilfe___ bekommen.
3. Wir waren gestern beim ___Elternabend___. Die Klasse macht vor den ___Ferien___ einen ___Ausflug___ in den Zoo.

Kommunikation

2 Was mussten, durften, konnten, wollten Sie früher tun? Machen Sie ein Interview.

Durftest du mit 16 Jahren in die Disko gehen?

Nein, ich durfte nicht ...

in die Disko gehen – bei Freunden übernachten – um ... Uhr zu Hause sein – den Eltern helfen – viele/wenige Hausaufgaben machen – allein wegfahren

3 Frau Pessina hat einen Termin mit der Lehrerin in der Schule. Ordnen Sie den Dialog und kontrollieren Sie mit der CD. 20

(3) Ich denke, ja. Seine Noten sind fast alle gut. Was möchte er machen?

(2) Guten Tag, Frau Pessina. Mein Sohn Alexander ist jetzt in der 10. Klasse. Kann er einen guten Abschluss bekommen?

(6) Oh, danke, das ist nett. Und wann soll er die Bewerbungen schreiben?

(1) Guten Tag, Frau Andres.

(7) Wenn er das Zeugnis im Januar bekommt, kann er einen Ausbildungsplatz suchen.

(4) Er will eine Ausbildung zum Koch machen.

(5) Koch? Das ist schön. Wenn er eine Bewerbung schreibt, kann ich ihm helfen.

Grammatik

4a Schreiben Sie Sätze.

1. wenn – frei habe – ich / ins Schwimmbad – gehe – dann – ich

   Wenn ich frei habe, dann geh ich ins Schwimmbad

2. wenn – mich – besuchst – du / einen Kuchen – backe – ich

   Wenn du mich besucht, dann backe ich einen Kuchen

3. wenn – im Deutschkurs – bin – ich / meine Freundin – treffe – ich

   Wenn ich im Deutschkurs bin, dann treffe ich meine Freundin

4b Ergänzen Sie die Sätze.

einen Kaffee trinken – Blumen kaufen – ein Wörterbuch kaufen – sie zum Essen einladen – ins Kino gehen – Blumen mitbringen

1. Wenn ich heute Abend Zeit habe, dann trinke ich einen Kaffee
2. Wenn ich meine Freunde besuche, dann (kaufe) bringe ich Blumen mit
3. Wenn ich nette Kollegen habe, dan lade ich sie zum Essen ein.
4. Wenn ich in die Stadt gehe, dann kaufe ich ein Wörterbuch

5 Heute und damals. Ergänzen Sie die Verben im Präteritum.

Ich lebe erst seit einem Jahr in Deutschland. Ich komme aus Moldawien. Dort wollte (*wollen*) ich immer Programmiererin werden. Doch das durfte (*dürfen*) ich nicht sofort. Ich musste (*müssen*) erst eine Prüfung machen. Dann konnte (*können*) ich studieren, aber nach einem Jahr wollte (*wollen*) ich nicht mehr studieren. Das war nicht das Richtige für mich. Jetzt möchte ich gern eine Ausbildung machen und Hotelfachfrau werden.

Flüssig sprechen

6 Hören Sie zu und sprechen Sie nach. 21

4 Gewusst wie

Kommunikation

Über die Schule in Deutschland sprechen

In Deutschland gehen die Kinder bis zur 4. oder 6. Klasse in die Grundschule. Danach besuchen sie die Haupt- oder Realschule und machen dann eine Ausbildung. In einer Ausbildung arbeitet man bei einer Firma und besucht die Berufsschule.
Oder sie gehen nach der Grundschule auf das Gymnasium und machen Abitur. Wenn man Abitur hat, kann man an einer Universität studieren.

Über die Vergangenheit sprechen

Ich hatte viele/wenige Hausaufgaben.
Mein Lieblingsfach war Biologie.
Früher wollten viele direkt nach der Schule arbeiten und Geld verdienen.
Wir konnten damals in der Schule zu Mittag essen.

Beim Elternabend

Wo und wann ist der Elternabend?
Welche Bücher/Hefte brauchen die Kinder in der neuen Klasse?
Was kostet der Ausflug / die Klassenfahrt?

Grammatik

Nebensätze mit *wenn*

Wenn Sina einen Studienplatz in Rostock	bekommt,	**(dann)**	lebt	sie direkt am Meer.
Wenn Meike einen guten Abschluss haben	möchte,	**(dann)**	muss	sie viel lernen.

Sina lebt direkt am Meer,	**wenn** sie einen Studienplatz in Rostock	bekommt.
Meike muss viel lernen,	**wenn** sie einen guten Abschluss haben	möchte.

Modalverben im Präteritum

	müssen	**können**	**dürfen**	**wollen**
ich	mus**ste**	kon**nte**	dur**fte**	wol**lte**
du	mus**stest**	kon**ntest**	dur**ftest**	wol**ltest**
er/es/sie/man	mus**ste**	kon**nte**	dur**fte**	wol**lte**
wir	mus**sten**	kon**nten**	dur**ften**	wol**lten**
ihr	mus**stet**	kon**ntet**	dur**ftet**	wol**ltet**
sie/Sie	mus**sten**	kon**nten**	dur**ften**	wol**lten**

Sie mussten in der Schule immer aufstehen, wenn der Lehrer eine Frage gestellt hat.
Früher konnte man mit einem guten Hauptschulabschluss einen guten Beruf lernen.
Patrick durfte nach der Ausbildung in der Firma bleiben, weil er gute Noten hatte.
Früher wollten nicht so viele Abitur machen.

Spiel und Spaß

1a Arbeiten Sie in Gruppen. Wählen Sie zusammen eine Person aus. Jede/r schreibt einen Text über diese Person. Schreiben Sie zu jeder Frage einen Satz.

1. Wie heißt die Person?
2. Wann und wo ist die Person geboren?
3. Wie viele Jahre war sie in der Schule?
4. Was hat die Person studiert? / Welchen Beruf hat sie gelernt?
5. Wo lebt die Person jetzt?
6. Ist die Person verheiratet?
7. Hat die Person Kinder? Wie viele?
8. Welche Hobbys hat die Person?

1b Vergleichen Sie Ihre Ergebnisse in der Gruppe und diskutieren Sie: Welche Sätze passen am besten zu der Person? Schreiben Sie dann einen gemeinsamen Text.

2 Arbeiten Sie in Gruppen. Wählen Sie ein Wort aus und schreiben Sie zu jedem Buchstaben ein weiteres Wort. Hängen Sie Ihre Ergebnisse im Kursraum auf.

Beispiel 1: Suchen Sie Wörter aus den Lektionen eins bis vier.

REGEL
ABITUR
DURCHSCHNITT
INHALT
ONLINE-SPIEL

Beispiel 2: Schreiben Sie Wörter zum Thema *Radio.*

VERKEHRSMELDUNGEN
UNTERHALTUNG
SENDUNG
INFORMATION
POLITIK

Berufe im Hotel und in der Gastronomie

1a Im Hotel Sonnenhof. Sehen Sie sich die Fotos an. Wo arbeiten die Leute und was machen sie?

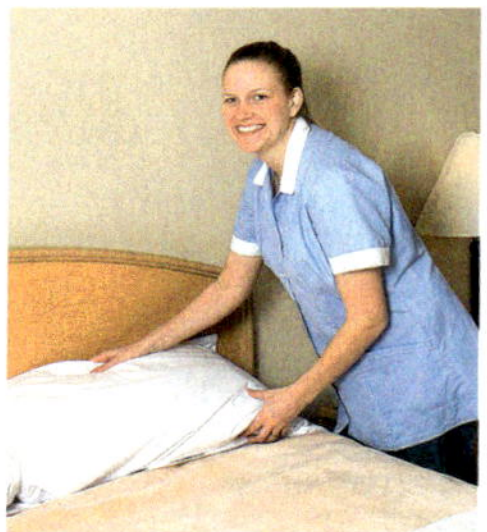

○ *Zimmermädchen* ○ *Koch* ○ *Hotelmanager* ○ *Hotelfachfrau*

Wo? im Büro – an der Rezeption – in den Gästezimmern – in der Küche
Was? die Gäste empfangen – das Essen zubereiten – Dienstpläne machen – die Gästezimmer aufräumen – Zimmerreservierungen machen – die Arbeiten im Hotel kontrollieren

Eine Hotelfachfrau arbeitet an der Rezeption. Sie empfängt die Gäste.

1b Hören Sie die Texte. Bringen Sie die Fotos in 1a in die richtige Reihenfolge. 22

1c Hören Sie die Texte noch einmal und kreuzen Sie an: richtig oder falsch? 22

	R	F
1. Veronika Burger ist Hotelmanagerin.	○	○
2. Sie hat ein Fachstudium gemacht.	○	○
3. Der Auszubildende muss noch drei Jahre lernen.	○	○
4. Er geht jeden Tag in die Berufsschule.	○	○
5. Für die Studentin ist die Arbeit im Hotel ein Nebenjob.	○	○
6. Alle Mitarbeiter vom Zimmerpersonal haben eine Ausbildung.	○	○
7. Der Hotelmanager hat den Beruf Hotelfachmann gelernt.	○	○
8. Er arbeitet seit fünf Jahren als Hotelmanager.	○	○

i

Die Ausbildung in Hotels und in der Gastronomie dauert drei Jahre, in der Gastronomie gibt es auch eine zweijährige Ausbildung. Wenn man Fortbildungen oder ein Fachstudium macht, hat man gute Karrieremöglichkeiten und kann zum Beispiel Hotelmanager werden.

2a Ordnen Sie zu und kontrollieren Sie dann mit der CD. 23

Ich wünsche Ihnen einen angenehmen Aufenthalt. – Sie bekommen Zimmer 327. Hier ist der Schlüssel. – Guten Tag. Können Sie bitte dieses Formular ausfüllen und unterschreiben?

- Guten Tag, mein Name ist Winter. Ich habe für drei Nächte ein Zimmer reserviert.
- ______________________
- Ja, gern.
- ______________________
- Vielen Dank.
- ______________________

2b Variieren Sie den Dialog.

Der Gast hat zwei Zimmer für fünf Nächte reserviert. – Zimmer 511 und 512

3a Die Gäste haben viele Fragen. Was antwortet Veronika Burger? Ordnen Sie zu und kontrollieren Sie dann mit der CD. 24

Gäste			Frau Burger
Wie lange hat das Restaurant geöffnet?	1	A	Kein Problem, ich sage dem Zimmerservice Bescheid.
Ich möchte gern zwei Tage länger bleiben. Geht das?	2	B	Ich denke, es ist in fünf Minuten hier.
In der Mini-Bar ist kein Mineralwasser.	3	C	Ja, Sie können sich hier eine aussuchen.
Haben Sie Postkarten?	4	D	Bis 23.00 Uhr.
Wann kommt das Taxi?	5	E	Moment, da muss ich nachsehen ... Nein, tut mir leid, wir haben keine Zimmer frei.

3b Spielen Sie weitere Dialoge.

1. Beim Frühstück war der Kaffee kalt. – Die Kaffeemaschine hat nicht funktioniert.
2. Im Nebenzimmer waren in der letzten Nacht die Gäste sehr laut. Der Gast möchte ein anderes Zimmer. – Er kann morgen Zimmer 223 bekommen.
3. Ein Gast muss morgen früh aufstehen. Sie sollen ihn um 6.00 Uhr wecken.

Prüfungsvorbereitung DTZ: Hören

1 Lesen Sie die Tipps.

Vor dem Hören:
- Lesen Sie zuerst genau die Aufgaben. Sie haben vor jedem Hörtext zehn Sekunden Zeit.
- Unterstreichen Sie wichtige Informationen.

Beim Hören:
- Achten Sie auf die Wörter in den Aufgaben.
- Sie verstehen einige Wörter nicht? Das ist kein Problem. Sie müssen nicht alles verstehen! Aber Sie können das Wichtigste verstehen.

Nach dem Hören:
- Markieren Sie auf dem Antwortbogen IMMER eine Lösung – auch wenn Sie etwas nicht wissen.

richtig falsch

2a Hören Sie ein Gespräch und markieren Sie Ihre Lösungen auf dem Antwortbogen auf Seite 126. 25

1 Das Gespräch findet in der Apotheke statt.

2 Der Termin ist um
- A 11.00 Uhr.
- B 15.00 Uhr.
- C 15.30 Uhr.

2b Lesen Sie das Gespräch auf Seite 114 und unterstreichen Sie: Welche Wörter waren für die Aufgaben wichtig?

2c Markieren Sie: Welche Wörter und Sätze sind für die Aufgaben unwichtig?

3 Hören Sie ein weiteres Gespräch und markieren Sie Ihre Lösungen auf dem Antwortbogen auf Seite 126. 26

3 Herr Gonzalez und der Mann sind Kollegen.

4 Herr Gonzalez
- A stellt den Antrag zum ersten Mal.
- B hat in dem Antrag alles ausgefüllt.
- C will den Antrag zu Hause ausfüllen.

Sie lernen:

- Gespräche am Arbeitsplatz führen
- etwas erklären
- eine Mitteilung schreiben
- höfliche Bitten
- Nebensätze mit Fragewort
- Personalpronomen im Dativ
- Demonstrativartikel „dies-"

5

Am Arbeitsplatz

Markus Schmidt, Erzieher

Larissa Döll, Pilotin

Judith Klein, Kfz-Mechatronikerin

Daniel Adler, Florist

1a Was machen die Leute? Sprechen Sie im Kurs.

Ü 1

Motor überprüfen / Autos reparieren – ein Flugzeug steuern / Instrumente kontrollieren – Kinder betreuen / mit Kindern spielen – Blumensträuße binden / Pflanzen verkaufen

1b Typische Männer- und Frauenberufe. Wie ist das in Ihrem Land? Machen Sie eine Liste und vergleichen Sie im Kurs.

Ü 2

In meinem Heimatland arbeiten nur wenige Frauen als Busfahrerin.

Bei uns sind die meisten Polizisten Männer.

i

Sie arbeitet **als** Busfahrerin.

2 Welchen Beruf haben Sie? Welchen Beruf finden Sie interessant? Warum?

Ü 3

Mir gefällt der Beruf Arzt, weil man viel Geld verdienen kann. Aber man muss studieren.

Mein Sohn möchte Pilot werden. Ich finde das interessant, aber die Ausbildung ist sehr schwer.

A Im Büro

1 Welche Situationen hören Sie? Kreuzen Sie an. 27

2a Lesen Sie den Dialog und markieren Sie: Wo steht das Verb *ist*?

- Kannst du mir sagen, wo mein Handy ist?
- Das ist doch in deiner Tasche!

> **!**
> **Wo** ist mein Handy?
> Kannst du mir sagen, **wo** mein Handy ist?

2b Formulieren Sie die Fragen um und lesen Sie die Dialoge zu zweit.

Ü4–6

1. Wie heißt der neue Kollege?

- Kannst du mir sagen, wie der neue Kollege heißt?
- Sein Name ist Friesinger.

2. Wann kommt der Chef?

- Können Sie mir sagen, wenn der Chef kommt?
- Ich glaube, er kommt um zehn Uhr.

3. Was heißt das?

- Können Sie mir erklären, was das heißt?
- Tut mir leid. Das verstehe ich auch nicht.

3 Ü7

Ergänzen Sie das Verb *wissen* und die Fragen.

!

wissen

ich	**weiß**
du	**weißt**
er/es/sie	**weiß**
wir	wissen
ihr	wisst
sie/Sie	wissen

documents justificative

Wo sind die Belege für die Überweisungen? – Wer hat den Ordner mit den Rechnungen? – Warum hat der Chef angerufen? – ~~Was gibt es heute zum Mittagessen?~~

1. *Weißt* du, was *es heute zum Mittagessen gibt?*
2. Wisst ihr, wo die Belege für die überweisungen sind?
3. Weißt du, warum der Chef angerufen hat?
4. Wissen Sie, wer den Ordner mit den Ruchnungen hat?

4 Ü8+9

Schreiben und spielen Sie Dialoge.

- Name?
- Hose/Preis?
- Adresse?
- Elektroartikel/Wo?
- Uhrzeit?
- Schwimmbad/Öffnungszeiten?

Entschuldigen Sie / Entschuldige bitte, ...
Darf ich fragen, ...
Können Sie / Kannst du mir sagen, ...
Wissen Sie / Weißt du, ...

Natürlich, gern ...
Ja, selbstverständlich, ...
Tut mir leid, das weiß ich nicht.

5a

Wie fragen die Personen? Hören Sie die Fragen und ordnen Sie zu. 28

höflich: ______ nicht höflich: *1,*

5b

Hören Sie noch einmal und sprechen Sie nach. 28

1. Weißt du, wo meine Brille ist?
2. Darf ich fragen, wo Sie den Pullover gekauft haben?

5c

Spielen Sie die Dialoge aus Übung 4 noch einmal höflich oder nicht höflich.

B Mitteilungen

1 Ü10

Lesen Sie die Mitteilungen. Was passt? Ordnen Sie zu.

A

C

B

D
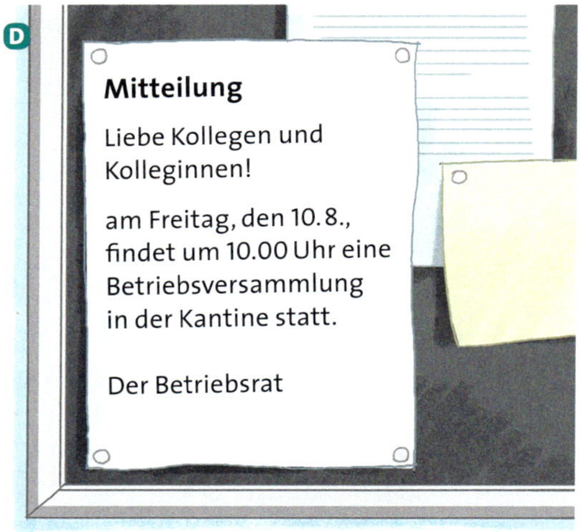

1. ◯ Die neue Kollegin braucht einen Schlüssel.
2. ◯ Die Mitarbeiter sollen am Freitagvormittag in die Kantine kommen.
3. ◯ Ein Arbeitskollege muss einen Termin verschieben.
4. ◯ Die Kolleginnen finden den Prospekt gut.

i

Für höfliche Bitten benutzt man oft die Formen *könntest du / könnten Sie:*
Könntest du mir helfen?
Könnten Sie ihr einen Schlüssel geben?

2 Wer sind die Personen? Lesen Sie und suchen Sie in den Texten A, B und C.

Ü11+12

1. Ich soll **ihm** helfen. ihm = ______
2. Er gefällt **ihnen** sehr gut. ihnen = ______
3. Könnten Sie **ihr** einen Schlüssel geben? ihr = ______

!

Nominativ	er	es	sie	sie (Pl.)
Dativ	ihm	ihm	ihr	ihnen

3 Herr Sodan und Frau Veit sind neu in Ihrer Firma. Wie können Sie ihnen helfen?

Ü13

Frau Veit: das Computerprogramm erklären – die Abteilung zeigen
Herr Sodan: die Werkstatt zeigen – seine Aufgaben erklären
Frau Veit und Herr Sodan: Tipps geben – die Pausenregeln erklären

Ich erkläre ihr ...

Ich zeige ihm ...

Ich gebe ihnen ...

4a Ordnen Sie die Mitteilung und schreiben Sie sie in Ihr Heft.

Ü14

- ◯ Vielen Dank
- ◯ ich bin von Montag bis Mittwoch unterwegs.
- (1) Liebe Frau Fink,
- ◯ Gunnar Weimass
- ◯ Könnten Sie bitte die Post in mein Büro bringen?

4b Schreiben Sie eine Mitteilung.

Ü15

Sie sind von Montag bis Freitag im Urlaub. Ein Kollege / Eine Kollegin soll am Dienstag und am Donnerstag die Blumen gießen.

5 Schreiben Sie weitere Mitteilungen.

Ü16

1. Sie haben um 17 Uhr eine Besprechung mit einem Kollegen / einer Kollegin. Sie müssen den Termin auf morgen 13 Uhr verschieben. Schreiben Sie eine kurze Notiz.
2. Sie gehen mit einem Freund / einer Freundin essen. Ihre U-Bahn hat Verspätung. Schreiben Sie eine SMS.
3. Sie haben morgen einen Arzttermin und kommen erst um elf Uhr ins Büro. Schreiben Sie eine E-Mail.

C Wie funktioniert das?

1a Hören Sie den Dialog und kreuzen Sie an: Was ist richtig? 29

- ○ **A** Frau Harris denkt, dass der Kopierer kaputt ist.
- ○ **B** Frau Harris findet, dass der alte Kopierer einfacher war.

1b Lesen und ergänzen Sie den Dialog.

Ü17–19

	Nom./Akk.	
m	**dieser**/**diesen**	Kopierer
n	**dieses**	Fach
f	**diese**	Taste
Pl.	**diese**	Fächer

dieser – dieser – diese – diese – dieses

- Der alte Kopierer war wirklich besser. Dieser Kopierer ist so kompliziert.
- Diese Taste ist die Start-Taste. Der Kopierer hat drei Fächer. Diese Fächer sind für A4-Papier und Dises Fach ist für A3-Papier.
- Ja, aber Diser Kopierer hat noch so viele andere Tasten.

2a Was passt? Ordnen Sie zu.

Ü20

1. Dieses Fach ist für die SIM-Karte. ○
2. Wenn ich telefonieren will, drücke ich diese Taste. ○
3. Diese Anzeige ist für den Akku. ○
4. Wenn ich ein Foto machen will, drücke ich diesen Knopf. ○
5. Wenn ich das Gespräch beenden will, drücke ich diese Taste. ○

2b Haben Sie ein Handy? Fragen und erklären Sie, wie es funktioniert.

Wo schaltet man das Handy ein/aus?	Hier.
Wie macht man Fotos?	Man drückt im Menü auf Foto und dann ...
Welche Taste muss ich drücken, wenn ...?	Diese hier.
Wie schreibe ich eine SMS?	
Wo spreche ich?	
...	

D Situationen am Arbeitsplatz

1a Hören Sie und ordnen Sie die Dialoge den Fotos zu. 30

1b Hören Sie die Dialoge noch einmal und beantworten Sie die Fragen. 30

Ü21

1. Wann geht Herr Frei zum Arzt?
2. Warum hat Frau Siegmann das Regal nicht eingeräumt?
3. Seit wann arbeitet Herr Fischer in der Firma?

2a In der Kantine. Schreiben und spielen Sie einen Dialog.

Ü22

- Platz noch frei?
- ja, Platz nehmen / neu in der Firma?
- ja, eine Woche hier / Name
- Name / die Arbeit – gefallen?
- ja, sehr gut / die Kollegen – nett, die Arbeit interessant

2b Spielen Sie zwei weitere Dialoge.

1. In der Spedition Schön
   Sekretärin: Sie arbeiten im Büro. Ein Mitarbeiter ruft an.
   Mitarbeiter/in: Sie rufen im Büro an. Sie sind krank und können heute nicht arbeiten.

2. Im Supermarkt Fröhlich
   Chef/in: Sie möchten wissen: Hat Ihr Mitarbeiter / Ihre Mitarbeiterin schon die Milch ins Kühlregal gestellt?
   Mitarbeiter/in: Sie hatten keine Zeit, weil im Supermarkt viele Kunden waren. Sie waren an der Kasse.

5 Alles klar!

Kommunikation

1a Ergänzen Sie die Mitteilung.

müssen – kann – Hallo – Grüße

Cc:
Betreff:
Anlagen: *keine*
Schriftart Schriftgr F K U T

Hallo Marie,

wir müssen noch über den neuen Prospekt sprechen. Hast du heute Nachmittag Zeit? Ich kann um 16 Uhr in dein Büro kommen.

Viele Grüße
Anna

1b Schreiben Sie eine Antwort.

heute keine Zeit / morgen 11 Uhr? – im Büro von Anna

Hallo Anna,

2 In der Kantine. Was passt zusammen? Verbinden Sie.

Darf ich fragen, wie Sie heißen? **1**
Wie lange arbeiten Sie schon hier? **2**
Gefällt Ihnen die Arbeit? **3**
In welcher Abteilung arbeiten Sie? **4**

A Seit zwei Wochen.
B In der Elektroabteilung.
C Natürlich, mein Name ist Smith.
D Ja, die Arbeit ist interessant und die Kollegen helfen mir.

Wortschatz

3 Wer macht was? Verbinden Sie.

Der Florist **1**
Die Kfz-Mechatronikerin **2**
Der Erzieher **3**
Die Pilotin **4**

A steuert Flugzeuge.
B betreut Kinder.
C verkauft Blumen.
D überprüft Motoren.

Grammatik

4 Ergänzen Sie die Fragen.

1. Wissen Sie, *wo* die Briefe von Firma Laue sind?
2. Können Sie mir sagen, *wann* Sie die Post holen?
3. Darf ich fragen, *wie lange* ~~brauchen~~ Sie für den Bericht brauchen?
4. Können Sie mir erklären, *warum* Sie heute zu spät sind gekommen?

5 Ergänzen Sie die Personalpronomen.

sie sie er er

ihr – ihr – ihm – ihm – ihnen

Frau Markowski und Herr Amann sind neu in der Firma. Die Arbeit gefällt ihnen.
Frau Markowski arbeitet in der Werkstatt. Ein Kollege hat ihr alles gezeigt.
Der Kollege war sehr nett und sie hat ihm gedankt.
Herr Amann arbeitet im Büro. Eine Kollegin hat ihm den Fotokopierer erklärt,
aber er hat nur wenig verstanden. Herr Amann hat ihr nicht gedankt.

Flüssig sprechen

6 Hören Sie zu und sprechen Sie nach. 31

5

Gewusst wie

Kommunikation

Gespräche am Arbeitsplatz führen

- Sind Sie neu in der Firma?
- Gefällt Ihnen die Arbeit?
- Wo arbeiten Sie?

- Ja, ich bin seit einer Woche hier.
- Ja, sie ist sehr interessant.
- In der Elektroabteilung.

Eine Mitteilung schreiben

Hallo Anna,
ja, wir können heute Nachmittag über den Prospekt sprechen. Kommst du in mein Büro?
Viele Grüße
Marie

Höfliche Bitten

Könntest du mir bitte helfen?
Könnten Sie ihr bitte einen Schlüssel geben?

Etwas erklären

Hier schaltet man den Fotokopierer ein.
Diese Fächer sind für Papier.

Grammatik

Nebensätze mit Fragewort

Wo ist der Brief?
Weißt du, **wo** der Brief ist?

Personalpronomen im Dativ

Nominativ	Dativ
ich	mir
du	dir
er/es	ihm
sie	ihr
wir	uns
ihr	euch
sie (Pl.)/Sie	ihnen/Ihnen

- Hast du Peter das Buch gegeben?
- Ja, ich habe ihm das Buch schon gestern gegeben.

- Könnten Sie der neuen Kollegin bitte helfen?
- Nein, ich kann ihr leider nicht helfen. Ich habe keine Zeit.

Demonstrativartikel *dies-*

	Nominativ	Akkusativ
m	dies**er** Kopierer	dies**en** Kopierer
n	dies**es** Fach	dies**es** Fach
f	dies**e** Taste	dies**e** Taste
Pl.	dies**e** Fächer	dies**e** Fächer

- Welcher Kopierer ist neu?
- Dieser Kopierer.
- Welchen Knopf muss ich drücken?
- Diesen Knopf.

Sie lernen:

- über die Wohnlage sprechen
- eine Wohnung suchen
- Nachbarn kennenlernen
- über das Renovieren sprechen
- reflexive Verben
- „legen"/„liegen" und „stellen"/„stehen"

6

Wohnen nach Wunsch

1 Ü1

Wie wohnt man hier? Sammeln Sie Wörter zu den Fotos und schreiben Sie Sätze.

zentral – in der Innenstadt – langweilig – in einer Großstadt/Kleinstadt – ruhig – in einem Dorf – teuer – günstig – in einem Vorort – außerhalb

2 Ü2–4

Wo wohnen Sie? Wo möchten Sie gern wohnen? Warum?

viele/wenige Kontakte mit Nachbarn haben – Arbeit finden – viele Geschäfte – einen Garten haben – mit öffentlichen Verkehrsmitteln fahren – ausgehen ...

Ich wohne in ..., aber ich möchte gern außerhalb wohnen.

Ich wohne gern in einer Großstadt. Da brauche ich kein Auto.

Ich möchte lieber in einer Kleinstadt wohnen, weil ...

A Eine Wohnung suchen

1a Ü5

Lesen Sie die Anzeigen und markieren Sie die Informationen in den Anzeigen.

Wie groß? – Wie viele Zimmer? – Wie teuer?

1 **3 Zi-Wohnung,** EG, 75 qm, ruhig, S-Bahn 5 Minuten, KM 640 €, NK 150 €, Maklerprovision 2 Monatsmieten

Immobilien Franz
Tel. 03761/56818

2 Nachmieter gesucht
3-Zi-Wohnung in EFH,
sehr ruhig, keine Haustiere
KM 590,- €/NK 180,-
(3 MM Kaution)

02552-2022
02552-2022
02552-2022
02552-2022
02552-2022

3 www.degewo.de

DEGEWO Mehr Stadt. Mehr Leben.

familienfreundlich, zentrale Lage,
4 Zimmer, 109,56 m²
716,75 € KM

DEGEWO
Kundenzentrum City
Tel. 030-98727192

1b Ü6+7

Hören und lesen Sie das Gespräch. Welche Anzeige hat Herr Khan gelesen? 32

- Schlosser.
- Guten Tag, mein Name ist Khan. Ich habe Ihre Anzeige gelesen, eine 3-Zimmer-Wohnung. Ist die Wohnung noch frei?
- Ja, sie ist noch nicht vermietet.
- Auf dem Zettel steht Kaution 3 MM. Was heißt das?
- Sie müssen eine Kaution von drei Monatsmieten bezahlen. Das sind 1770 €.
- Ach so, okay. Kann ich die Wohnung besichtigen?
- Natürlich, am Samstagvormittag um 10 Uhr?
- Gut, um zehn. Vielen Dank.

i

Kaution:	Sie geben dem Vermieter Geld als Sicherheit. Wenn Sie ausziehen und alles in Ordnung ist, bekommen Sie das Geld zurück.
Provision:	Der Makler bekommt für seine Vermittlungsarbeit eine Provision. Meistens sind es zwei oder drei Monatsmieten.
Ablöse/Abstand:	Manchmal möchte der Vormieter Geld, z. B. für einen teuren Teppichboden oder eine Einbauküche. Sie können über den Preis sprechen.

1c Variieren Sie den Dialog.

Ü 8

2 Zi-Whg. WM 600 €,
Kaution 2 MM

4 Zi-Whg. WM 800 €,
Besichtigungstermin: Freitagabend 20 Uhr

2 Sammeln Sie Fragen. Schreiben und spielen Sie dann Dialoge zu den Anzeigen in 1a.

3a Mietvertrag. Ergänzen Sie die Informationen.

17. 09. 2010 – P. Khan – Oldenburg

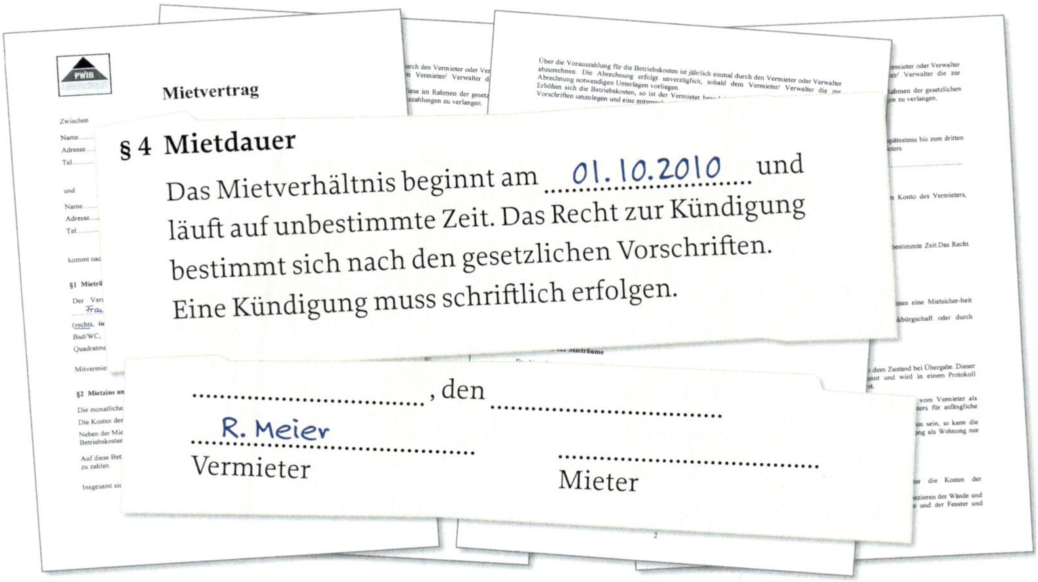
Mietvertrag

§ 4 Mietdauer

Das Mietverhältnis beginnt am 01.10.2010 und läuft auf unbestimmte Zeit. Das Recht zur Kündigung bestimmt sich nach den gesetzlichen Vorschriften. Eine Kündigung muss schriftlich erfolgen.

.................................., den ....

R. Meier
Vermieter

....
Mieter

3b Lesen Sie noch einmal und kreuzen Sie an: Was ist richtig?

1. Wie kann man kündigen?
- **A** ◯ Nur mündlich.
- **B** ◯ Nur schriftlich.
- **C** ◯ Mündlich oder schriftlich.

2. Wie lange geht der Mietvertrag?
- **A** ◯ Bis zum 17. 09. 2010.
- **B** ◯ Bis zum 01. 10. 2010.
- **C** ◯ Unbegrenzt.

4 Projekt: Hatten Sie schon einmal Probleme mit Ihrer Wohnung? Erzählen Sie. Wo kann man Hilfe bekommen?

Briefe vom Vermieter sind ein Problem. Auch mit dem Wörterbuch kann ich diese Briefe nicht verstehen.

Ich frage meine Freunde. Meistens kann mir jemand helfen.

Ich spreche immer mit meinen Nachbarn. Sie haben oft das gleiche Problem.

B Die neuen Nachbarn

1a Sehen Sie sich die Fotos an und hören Sie die Dialoge. Warum gehen Herr und Frau Olaru zu den Nachbarn? 33

1b Hören Sie noch einmal: Wie finden Sie die Nachbarn? 33

sympathisch – unsympathisch – freundlich – unfreundlich – nett – nicht nett

2a Lesen Sie den Dialog und ergänzen Sie die Sätze.
Ü9

- Guten Tag, wir möchten uns vorstellen. Wir sind die neuen Nachbarn, Olaru ist mein Name.
- Guten Tag, mein Name ist Blatt. Hoffentlich fühlen Sie sich hier wohl. Haben Sie Kinder?
- Ja, wir haben zwei Jungen, sie sind fünf und acht Jahre alt.
- Oh, das ist schön, ich habe auch zwei Jungen, Zwillinge. Sie sind sieben.
- Wir haben vorher in der Stadt gewohnt und die Wohnung war laut und klein. Hier haben wir Platz. Das ist wunderbar. Ich freue mich, dass wir diese Wohnung bekommen haben.

!	
ich	freue mich
du	freust dich
er/es/sie/man	freut sich
wir	freuen uns
ihr	freut euch
sie/Sie	freuen sich

1. Guten Tag, wir möchten uns vorstellen.
2. Hoffentlich fühlen Sie sich hier wohl.
3. Ich freue mich, dass wir diese Wohnung bekommen haben.

2b Würfeln und sprechen Sie.
Ü10

sich freuen
sich wohl fühlen
sich vorstellen

ich – du – er/es/sie/man – wir – ihr – sie (Pl.)

3a Ein Gedicht. Hören Sie und sprechen Sie nach. 34

Ü11–13

Ich fühle mich gut.
Wie fühlst du dich?
Er fühlt sich stark.
Sie fühlt sich einsam. = alain
Wir fühlen uns müde.
Fühlt ihr euch wohl?
Sie fühlen sich fantastisch.
Und wie fühlen Sie sich heute?

3b Schreiben Sie das Gedicht neu und tragen Sie es im Kurs vor.

🙂		☹
prima, fantastisch, fit, wunderbar, super	jung, alt, etwas besser	allein, fremd, krank, matt, erschöpft, schwach

4a Eine romantische Geschichte. Ordnen Sie die Verben zu.

sich verlieben – sich entschuldigen – sich kennenlernen – sich streiten – sich küssen – sich trennen

Sich ~~verlieben~~ entschuldigen kennenlernen

sich verlieben

sich küssen

Sich streiten

sich trennen

Sich ~~kennenlernen~~ entschuldigen

4b Wo? Wann? Warum? Schreiben Sie die Geschichte.

Ü14

sie haben sich kennengelernt – sie haben sich verliebt – sie haben sich geküsst – sie haben sich gestritten – sie haben sich getrennt – sie haben sich entschuldigt

C Schöner wohnen

1 Kennen Sie die Sendung? Lesen Sie und erzählen Sie.

Wohnen nach Wunsch

Möchten Sie renovieren? Enie van de Meiklokjes und ihre Handwerksmeister suchen zusammen mit den Bewohnern neue Lösungen für ein Zimmer oder eine Wohnung. Sie räumen aus, streichen, tapezieren, suchen neue Möbel und dekorieren. Möchten Sie jemanden überraschen und eine Wohnung verschönern lassen? Bewerben Sie sich bei uns für „Wohnen nach Wunsch"!

2 Wie gefällt Ihnen das Zimmer? Sprechen Sie im Kurs.

Ü15

Links an der Wand steht ein Schrank. Der Schrank ist hässlich.

Die Tapete gefällt mir gut.

Auf dem Fußboden liegt ein Teppich. Der Teppich ist langweilig.

3a *Wohin?* oder *wo?* Schreiben Sie Fragen.

Ü16+17

Wo stelle ich den Schrank?

Sie stellen den Schrank in die Ecke.

Wo steht der Schrank?

Der Schrank steht in der Ecke.

Wohin?	Wo?
stellen	stehen
legen	liegen

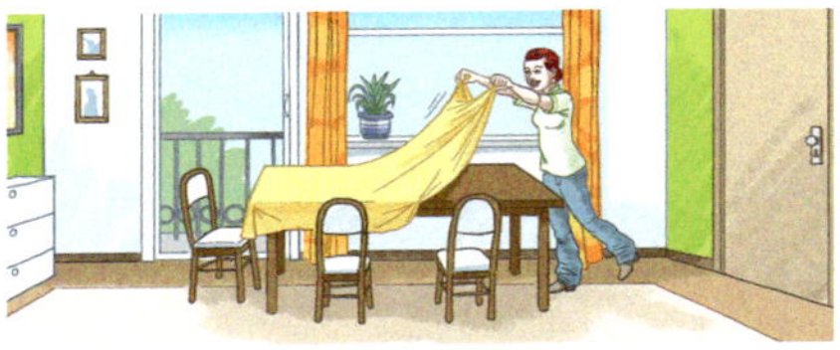

Wohin lege ich die Decke?

Sie legt die Decke auf den Tisch.

Wo liegt die Decke?

Die Decke liegt auf dem Tisch.

3b Schreiben Sie Sätze wie im Beispiel.

Ü18

Sie stellt die Vase auf den Tisch.

4a Im Baumarkt. Hören Sie und kreuzen Sie an: Was kauft Herr Tymoschenko? 35

Ü19

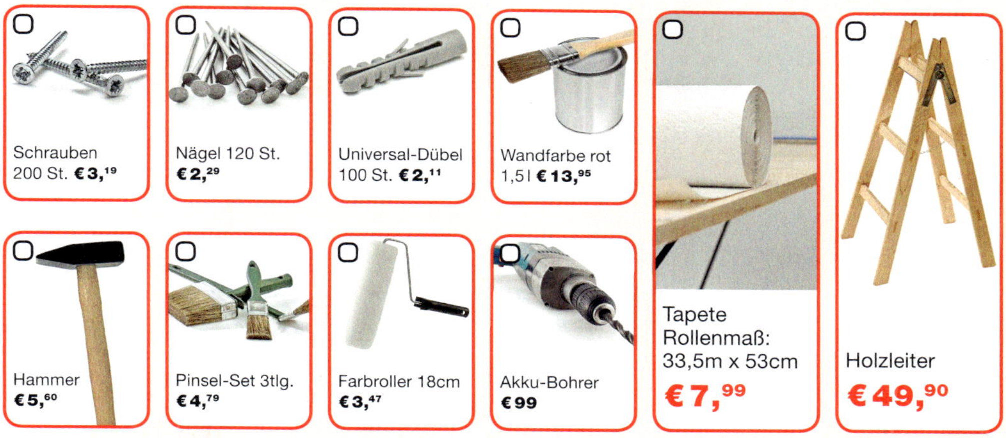

4b Variieren Sie den Dialog und spielen Sie ihn im Kurs.

Wohnung streichen – Wohnung tapezieren – ein Bild aufhängen – eine Lampe aufhängen – ...

Guten Tag, können Sie mir helfen?

Ja, gern. Was brauchen Sie?

5 Sie haben 1.000 € und können Ihren Kursraum renovieren. Was machen Sie? Wie renovieren und dekorieren Sie den Raum? Diskutieren Sie im Kurs.

6 Alles klar!

Wortschatz

1a Gegenteile. Was passt zusammen?

mündlich **1**		**A**	ruhig
sympathisch **2**		**B**	vermietet
stark **3**		**C**	schriftlich
zentral **4**		**D**	außerhalb
laut **5**		**E**	unsympathisch
frei **6**		**F**	schwach

1b Welche Wörter aus 1a passen? Ergänzen Sie.

1. Wir wohnen nicht mehr in der Innenstadt, wir wohnen jetzt außerhalb.
2. Die Wohnung hat uns sofort gefallen und wir hatten Glück, sie war noch frei.
3. Einen Mietvertrag kann man nicht mündlich kündigen.

Kommunikation

2 Ergänzen Sie den Dialog und hören Sie zur Kontrolle. 36

Was kostet die Wohnung? – Ja, gern. Danke schön. Auf Wiederhören. – Wo liegt die Wohnung? Kann ich sie besichtigen? – Guten Tag, mein Name ist Bayer. Ich habe Ihre Anzeige gelesen. Ist die Wohnung noch frei?

- Westerhoff.
- ______________________________
- Nein, tut mir leid. Aber ich habe noch eine andere Wohnung: vier Zimmer im Erdgeschoss.
- ______________________________
- 560 € plus Nebenkosten. Und ich nehme zwei Monatsmieten Kaution.
- ______________________________
- Ja, natürlich. Die Wohnung ist in der Kaiserstraße 35. Sie können heute Abend um sieben kommen.
- ______________________________

3 **Schreiben Sie einen Dialog im Baumarkt und spielen Sie ihn im Kurs.**

- Guten Tag, können Sie mir helfen?
  - Ja, gern, was kann ich für Sie tun?
- Ich möchte ... und brauche ...
  - ... haben wir da drüben.
  - Wir haben auch ...
  - Brauchen Sie auch ...?
- Ja/Nein, ...

Grammatik

4 **Ergänzen Sie die Reflexivpronomen.**

1. Entschuldigung, ich glaube, ich habe ________ noch nicht vorgestellt, mein Name ist Wang.
2. Mein Name ist Cortada und das ist Robert Eichel, wir haben ________ auf einer Party kennengelernt.
3. Oh, fühlen Sie ________ nicht gut?
   Doch, doch, es geht schon. Ich fühle ________ nur ein bisschen müde.
4. Die Kinder spielen wunderbar, sie haben ________ nicht einmal gestritten.
5. Bald sind Ferien, freust du ________? Ja, klar.

5 ***Stellen* oder *stehen*? *Legen* oder *liegen*? Ergänzen Sie.**

1. Kannst du bitte die Bücher ins Regal ________?
   Aber sie ________ doch schon im Regal.
2. Anna muss jetzt schlafen, ich ________ sie gleich ins Bett.
3. Ich weiß nicht, was ich machen soll. Luca ________ immer nur auf dem Sofa und hört Musik.

Flüssig sprechen

6 **Hören Sie zu und sprechen Sie nach.** 37

6 Gewusst wie

Kommunikation

Über die Wohnlage sprechen

Ich wohne zentral. Das ist praktisch, ich brauche kein Auto und kann mit den öffentlichen Verkehrsmitteln fahren.

Ich wohne außerhalb in einem kleinen Dorf. Hier hat man mehr Kontakte mit Nachbarn und wir haben auch einen Garten.

Eine Wohnung suchen

Ich habe Ihre Anzeige gelesen, ist die Wohnung noch frei?
Ich möchte die Wohnung gern besichtigen. Wann ist das möglich?

Nachbarn kennenlernen

Guten Tag, wir möchten uns vorstellen.
Wir sind die neuen Nachbarn, Olaru ist mein Name.
Wir haben vorher in einer kleinen Wohnung gewohnt. Wir freuen uns, dass wir diese Wohnung bekommen haben.

Über das Renovieren sprechen

Wir möchten die Wohnung streichen und tapezieren.
Wer kann die Lampen aufhängen?
Wir stellen den Schrank an die Wand neben die Tür.
Sie legen den Teppich vor das Sofa.

Grammatik

Reflexive Verben

	sich freuen
ich	freue **mich**
du	freust **dich**
er/es/sie/man	freut **sich**
wir	freuen **uns**
ihr	freut **euch**
sie/Sie	freuen **sich**

Wir freuen uns, weil wir eine gute Wohnung gefunden haben.
ebenso: sich fühlen, sich vorstellen, sich kennenlernen, sich verlieben, sich küssen, sich streiten, sich trennen, sich entschuldigen

Legen/Liegen und *stellen/stehen*

Wohin?
legen/stellen *(mit Präposition) + Akkusativ*

Sie **legen** den Teppich **auf den** Boden.
Sie **stellen** den Tisch **auf den** Teppich.

Wo?
liegen/stehen *(mit Präposition) + Dativ*

Der Teppich **liegt auf dem** Boden.
Der Tisch **steht auf dem** Teppich.

Sie lernen:

- über Feste und Geschenke sprechen
- Einladungen verstehen und darauf reagieren
- Komplimente machen und darauf reagieren
- das Datum
- Kleidung beschreiben (Adjektivdeklination nach dem unbestimmten Artikel)
- Verben mit Dativ und Akkusativ
- eine Kursparty organisieren

7

Feste feiern

1a Welche Feste auf den Fotos kennen Sie? Wann feiert man diese Feste?

Ü1

Ich glaube, das Foto oben links ist Weihnachten.

Weihnachten feiert man vom 24. bis zum 26. Dezember.

Vielleicht ist das Foto unten in der Mitte Silvester.

1b Was machen die Leute? Was ist typisch für die Feste?

2a Welche deutschen Feste und Feiertage kennen Sie?

Ü2–6

Der dritte Oktober ist in Deutschland ein Feiertag.

Welcher Tag ...?	Wann ...?
der erste Januar	am ersten Januar
der erste Erste	am ersten Ersten

2b Feste in Ihrer Heimat. Erzählen Sie.

A Einladungen

1 Ü7

Lesen Sie die Einladungen und ergänzen Sie die Tabelle.

1

Wir heiraten

Eva Roth
und Tobias Sedlmayr

Die Trauung ist
am 9. 9. 2010 um 10 Uhr
im Standesamt Freising,
Ruppertstraße 11

Die Hochzeitsfeier findet
im Hotel „Zur Post" statt.

Um Antwort wird gebeten
bis zum 20. 08. 10

2

Einladung
zur Betriebsfeier
der Natura GmbH

am Freitag, den 1. Juni
von 19 Uhr bis 1 Uhr

Gartenrestaurant „Eule",
Am Fuchspfad 1

Es spielen die
„River Girls"

3

Liebe Freunde!

Am 26. Mai werde ich 50!
Wollt ihr meinen Geburtstag
mit mir feiern? Kommt ab
16 Uhr zu uns, Heeker Str. 5
in Ahaus, Tel.: 02561/85730
Wenn ihr kommt, sagt
Bescheid. Ich freue mich!!

Susanne

	Einladung 1	Einladung 2	Einladung 3
Wer?	Eva Roth, Tobias Ledmyer	Natura GmbH	Susane
Was?	Hochzeit, die	die Betriebsfeier	der Geburtstag
Wann?	am 9.9.2010	am 1. Juni	am 26. Mai
Wo?	im Hotel „Zur Post"	Gartenrestaurant Eule	Ahaus

2a Ü8

Einladen und reagieren. Hören Sie und lesen Sie den Dialog zu zweit. 38

- Heitmann.
- Hallo, hier ist Susanne.
- Hi, Susanne, wie geht's dir?
- Danke, gut. Ich möchte dich gern zu meinem Geburtstag einladen. Hast du am Samstagabend Zeit?
- Samstag? Ja, klar, ich komme gern.
- Wunderbar! Dann bis Samstag.

2b Ü9

Schreiben Sie eine Einladung und spielen Sie im Kurs.

Ich möchte dich zu ... einladen.

Ja, (ich komme) sehr gern. Oh, das ist schön. Klar komme ich.	Ich weiß noch nicht. Ich muss noch ... fragen.	Oh, das tut mir leid, aber ich kann nicht kommen. Schade, da kann ich nicht.

3 Geschenke. Lesen Sie die Einladungen in Aufgabe 1 noch einmal. Was kann man wem schenken? Sammeln Sie und vergleichen Sie im Kurs.

Ü10

Eva:
Tobias:
Eva und Tobias:
Susanne:

!

	Dativ (Person)	Akkusativ (Sache)
Ich schenke	meinem Vater	ein Buch.
Ich schenke	ihm	ein Buch.

Man kann Susanne Blumen schenken.

Man kann ihr auch ein Parfüm schenken.

4 Was schenken Sie? Bilden Sie Sätze und erzählen Sie.

Ü11+12

Meinen Eltern	schenke ich	ein ...	zum Geburtstag.
Meinem Vater		eine ...	zur Hochzeit.
Meiner Mutter		einen ...	zum Jubiläum.
Meinen Freunden			...
Meinem Chef			

5 Was schenken Sie, wenn ...? Was kann man in Ihrem Land nicht schenken? Erzählen und vergleichen Sie.

Ü13

Was schenken Sie, wenn ein Freund / eine Freundin Geburtstag hat?
wenn Sie bei einem Kollegen zum Essen eingeladen sind?
wenn Sie in die Heimat fahren?

Wenn ich eingeladen bin, schenke ich meistens ...

Bei uns darf man kein ... schenken. Das macht man nicht.

Normalerweise schenkt man in meiner Heimat kein ...

B Hochzeit

1a Eva und Tobias heiraten. Welche Adjektive passen?

Ü14

elegant – schick – schwarz – weiß – eng – wunderschön – toll – romantisch

Das Brautkleid ist wunderschön.

Der Anzug ist elegant.

Die Hose ist ...

i Wenn man in Deutschland heiratet, muss man zum Standesamt gehen.

1b Ergänzen Sie die Endungen. Hören Sie dann und sprechen Sie nach. 39

Ü15+16

Die Braut trägt ein romantisch es , weiß es Kleid, eine wunderschön e Kette, einen klein en , weiß en Schleier und elegant ___ Handschuhe. Sie sieht fantastisch aus!

!

	Das ist/sind ...		Er/Sie trägt ...
(der)	ein/kein grau**er** Anzug	(de**n**)	eine**n**/keine**n** grau**en** Anzug
(da**s**)	ein/kein weiß**es** Kleid	(da**s**)	ein/kein grau**es** Kleid
(di**e**)	eine/keine grau**e** Hose	(di**e**)	eine/keine grau**e** Hose
(di**e**) Pl.	klein**e** Ohrringe keine klein**en** Ohrringe	(di**e**) Pl.	klein**e** Ohrringe keine klein**en** Ohrringe

1c Beschreiben Sie den Bräutigam.

der Anzug – die Hose – das Hemd – die Krawatte

Der Bräutigam trägt ...

2 Hochzeitskleidung. Fragen Sie Ihren Partner / Ihre Partnerin und berichten Sie im Kurs. Wenn Sie möchten, bringen Sie Hochzeitsfotos mit.

Ü17+18

1. Was für ein Kleid / einen Anzug / eine Kette / Schuhe haben Sie getragen?
2. Was für ein Kleid / einen Anzug / eine Kette / Schuhe möchten Sie tragen?
3. Was trägt man in Ihrem Land?

> **!**
> Was für einen Anzug?
> Was für ein Kleid?
> Was für eine Kette?
> Was für Schuhe?

3 Machen Sie Komplimente im Kurs und reagieren Sie darauf.

Ü19+20

Auf dem Foto sehen Sie echt toll aus!

Du sprichst schon so gut Deutsch.

- Du bist immer so freundlich/fröhlich/nett/hilfsbereit.
- Sie haben immer so tolle Ideen.

- Wirklich? Das ist nett von Ihnen/dir.
- Meinen Sie / Meinst du?
- Danke schön, Sie/du auch.

4a Eine Hochzeit mit Pannen. Hören Sie und ordnen Sie die Bilder. 40

4b Ordnen Sie die Sätze den Bildern zu und erzählen Sie die Geschichte.

Ü21

Die Freunde und Verwandten werfen Reis. – Sie gehen ins Restaurant. – Sie feiern. – Das Restaurant ist geschlossen. – Das Brautpaar tauscht Ringe. – Sie suchen ein anderes Restaurant.

5 Hochzeit weltweit. Wie feiert man in Ihrem Land Hochzeit? Erzählen Sie.

C Feiern interkulturell

1 Party und Einladung zum Essen. Lesen Sie die Sätze und kreuzen Sie an: stimmt, stimmt nicht. Vergleichen und diskutieren Sie im Kurs.

	stimmt		stimmt nicht	
	Party	Essen	Party	Essen
1. Ich komme pünktlich.	☐	☐	☐	☐
2. Ich bringe etwas zu essen/trinken mit.	☐	☐	☐	☐
3. Ich nehme die Kinder mit.	☐	☐	☐	☐
4. Ich kaufe ein Geschenk für die Gastgeber.	☐	☐	☐	☐
5. Ich ziehe schöne Kleidung an.	☐	☐	☐	☐

2a Ü22 Luiz, Leyla und Benoit erzählen über ihre Erfahrungen. Lesen Sie und sammeln Sie Informationen zu den Themen: Kleidung, Essen und Trinken, Tanzen, Kinder, Geschenke und Gespräche.

Ich bin Student und war schon auf einigen Partys bei deutschen Freunden. Meistens bringt man etwas zu essen mit, am besten eine Spezialität aus dem eigenen Land oder auch eine Flasche Wein. Das ist ganz unkompliziert. Das gefällt mir. Man unterhält sich auch viel über das Studium, die Arbeit oder auch über Filme und es gibt natürlich Wein oder Bier. *Luiz Fernando, 24, Brasilien*

Ich habe viele deutsche Freunde und bin oft eingeladen und lade auch ein. Was mir auffällt? Die Deutschen kommen bei Einladungen zum Essen immer sehr pünktlich. Das ist höflich in Deutschland. Bei uns ist das nicht so. Hier bringt man meistens auch etwas mit, z. B. eine Flasche Wein oder Blumen. Und die Kinder sind oft nicht dabei. Das ist bei uns anders. *Leyla Sönmez, 36, Türkei*

Vorgestern war ich auf einer deutschen Party. Da war eine gute Stimmung, aber es war auch ganz anders als bei uns. Die Leute waren ganz normal angezogen, bei uns zieht man immer schicke Kleidung an, wenn man zu einer Party geht. Die Leute haben sich viel unterhalten, aber wenig getanzt. Ich war der einzige Mann auf der Tanzfläche. *Benoit Ahoua, 30, Elfenbeinküste*

2b Waren Sie schon einmal auf einer deutschen Party? Was ist Ihnen aufgefallen? Wie ist das in Ihrem Heimatland? Erzählen Sie.

3a Eine Kursparty organisieren. Was passt? Ordnen Sie zu.

Wer besorgt	1	A	wollen wir feiern?
Wer bringt	2	B	die Getränke?
Wen	3	C	laden wir ein?
Wollen wir auch	4	D	tanzen?
Wann	5	E	auf der Party?
Was machen wir	6	F	feiern?
Wo wollen/können wir	7	G	Essen mit?

3b Arbeiten Sie zu zweit und planen Sie die Party.

Wollen wir übermorgen eine Party machen?

Ja, das ist eine gute Idee. Wir können bei mir feiern. Ich habe einen großen Garten.

Das ist gut. Wann ...?

4a Glückwünsche, was sagt man wann? Ordnen Sie zu.

Ü23

1. Herzlichen Glückwunsch zum Geburtstag! – **2.** Alles Gute zum neuen Jahr! – **3.** Frohe Ostern! – **4.** Alles Gute zur Hochzeit. – **5.** Prosit Neujahr!

A

C

B

D

4b Wählen Sie ein Fest aus und schreiben Sie einem Freund / einer Freundin eine Glückwunschkarte.

D Festtage

Interkultureller

Tag	Januar	Februar	März	April	Mai	Juni
1	Neujahr		Holifest		Tag der Arbeit	
2				Karfreitag		
3						Fronleichnam
4				Osterfest Ev., Kath., Orth.		
5						
6	Hl. 3 Könige				St. Georgsfest der Roma	
7	Orthodoxes Weihnachtsfest Russ./Serb. u.a.					
8			Internationaler Frauentag		Ende des 2. Weltkriegs in Europa,	
9					Muttertag	
10						
11				Tag der Shoa		
12						
13				Tamil. Nj. 2041	Christi Himmelfahrt	
14	Pongalfest der Tamilen	Neujahrsfest Vietnam, China, St. Valentin		Baisakhi Nj., Roter Mittwoch der Yeziden		
15						
16		Fastnacht				
17		Christl. Fastenzeit 17.2.–3.4.	St. Patrick			
18						
19					Schawuot	
20			Neujahrsfest Iraner 1389, Afghanen 1389			Weltflüchtlingstag UNO
21			Baha'i 167 u. a., Newroz 2622	Beginn des Ridvanfestes der Baha'i		
22					Karneval der Kulturen Berlin,	
23				Türkisches Kinderfest	Pfingstfest	
24						St. Johannis
25						
26		Muhammands Geburtstag				
27	Gedenktag f. d. Opfer d. Nationalsozialismus					Christopher Street Day örtl. untersch.
28		Purimfest	Palmsonntag		Buddh. Neujahr Wesak 2554	
29		–				
30		–	Pessachfest			
31		–		–		–

Christliche Festtage

Islamische Festtage
Daten können um 1–2 Tage differieren.

Jüdische Festtage

Die Helltönung von Festdaten bezeichnet nicht unbedingt eine Religion, sondern den Kulturkreis, zu dem sie gehören.

Hrsg: Beauftragter des Senats von Berlin für Integration und Migration
Potsdamer Straße 65, 10785 Berlin, Tel. 030 / 90 17-23 57
E-Mail: Integrationsbeauftragter@intmig.berlin.de
Internet: www.integrationsbeauftragter.berlin.de
ISBN: 978-3-938352-42-7

1 Wer feiert was? Sehen Sie sich den Kalender an und sammeln Sie Feste.

Christen feiern ..., Moslems feiern ..., Juden ..., Buddhisten ..., Hindus ...

Kalender 2010

	Juli		August		September		Oktober		November		Dezember	
	1		1		1	Antikriegstag	1	Tag des Flüchtlings	1	Allerheiligen	1	
	2		2		2		2		2	Allerseelen	2	Chanukkafest 2.–9.12.
	3		3		3		3	Tag der deutschen Einheit, Erntedankfest	3		3	
	4	Independence Day USA	4		4		4		4		4	
	5		5		5		5		5	Divalifest	5	2. Advent
	6		6	Hiroshima-Gedenktag	6		6		6		6	St. Nikolaus
	7		7		7		7		7		7	Islamisches Neujahr 1432
	8		8		8		8		8		8	Muharrem-Fastem Alevit. 7.–18.12
	9		9		9	Ramadanfest 3 Tg., Rosh ha-Shana Neujahr 5771	9		9	Pogromnacht 1938, Fall d. Berliner Mauer 1989	9	
	10		10		10		10		10		10	Erklärung der Menschenrechte
	11		11	Beginn des Ramadan	11	Ganeshafest, Kopt./Äth. Nj.	11		11	St. Martin	11	
	12		12		12		12		12		12	3. Advent
	13		13		13		13		13		13	Fest der Lucia Schweden
	14	Tag der Französischen Revolution	14		14		14		14	Volkstrauertag	14	
	15		15	Mariä Himmelf., Bonfest Japan	15		15		15		15	
	16		16		16		16		16	Opferfest 1431	16	Aschuratag
	17		17		17		17	Dussehrafest	17	Buß- u. Bettag	17	
	18		18		18	Jom Kippur	18		18		18	
	19		19		19		19		19		19	4. Advent, Aschure der Aleviten
	20		20		20	Weltkindertag	20		20		20	
	21		21		21		21		21	Totensonntag, Guru Nanaks Geb. Sikh	21	
	22		22		22	Mondfest	22		22		22	
	23		23		23	Laubhüttenfest	23		23		23	
	24		24	Verstorbenen-Gedenktag	24		24		24		24	Heiligabend
	25		25		25		25		25	Thanksgiving USA	25	1. Weihnachtstag
	26		26		26		26		26		26	2. Weihnachtstag
	27		27		27		27		27		27	
	28		28		28		28		28	1. Advent, Beginn des Kirchenjahres	28	
	29		29		29		29		29		29	
	30		30		30		30		30		30	
	31		31				31	Reformationstag, Halloween			31	Silvester

Buddhistische Festtage · Hinduistische Festtage

Satz: Satzinform, Berlin
Druck: MercedesDruck, Berlin

2 Welche Feste feiern Sie? Erzählen Sie im Kurs.

Im März feiern wir …

Bei uns feiert man …

7 Alles klar!

Wortschatz

1 Machen Sie ein Wörternetz zum Thema „Feste feiern". Wählen Sie fünf Wörter aus und schreiben Sie Sätze.

die Musik — **Feste feiern** — der Gast, -"e

Kommunikation

2a Das Datum. Fragen und antworten Sie.

Welcher Tag ist heute?

Heute ist der ...

Welcher Tag war vor drei Tagen?

morgen – übermorgen – in drei Tagen – gestern – vorgestern – vor drei Tagen

2b Termine von Marina Gortez. Schreiben Sie Sätze.

16. 3. Kino *Am sechzehnten Dritten geht sie ins Kino.*

18. 4. Oma zu Besuch ______

17. 4.–30. 4. Kinder Schulferien ______

11. 5. Auto in die Werkstatt ______

15. 6. Arzttermin ______

30. 6. Friseur ______

3 Eine Einladung zum Geburtstag. Schreiben Sie einen Dialog mit Ihrem Partner / Ihrer Partnerin und spielen Sie ihn im Kurs vor.

☺ Ihre Freundin Clara hat am Samstag, dem 5. März, Geburtstag und lädt Sie ein. Sie kommen gern. Die Feier beginnt um 20 Uhr. Sie sollen einen Salat mitbringen. Clara sagt, Ihr Mann / Ihre Frau kann gern mitkommen.

☹ Ihre Freundin Clara hat am Samstag, dem 5. März, Geburtstag und lädt Sie ein. Sie können leider nicht, weil Ihre Schwester am Sonntag heiratet. Sie müssen bei den Vorbereitungen helfen. Sie wünschen ihr viel Spaß bei der Feier.

4 Glückwünsche. Was kann man sagen?

1. Ihr Freund / Ihre Freundin hat endlich eine neue Wohnung gefunden.
   Das ist super! Herzlichen Glückwunsch und wenig Stress beim Umzug!
2. Ihr Kollege heiratet nächste Woche.
   ______
3. Ihr Chef / Ihre Chefin hat Geburtstag.
   ______
4. Es ist der 31. Dezember, genau 12 Uhr nachts.
   ______

Grammatik

5 Ergänzen Sie die Endungen (wenn nötig).

1. ◖ Guten Tag, kann ich Ihnen helfen?
   ◖ Ja, ich suche einen blau__ Anzug und ein weiß__ Hemd für meinen Sohn, eine schick__ Hose für meine Tochter und für mich ein elegant__ Kleid. Haben Sie auch Schuhe? Wir brauchen elegant__ Schuhe.
2. ◖ Was für ein__ Buch suchen Sie? ◖ Ich suche ein__ spannend__ Buch.
3. ◖ Was für ein__ Fotoapparat hast du?
   ◖ Einen ganz neu__, er macht toll__ Fotos.

6 Dativ oder Akkusativ? Ergänzen Sie die richtige Endung (wenn nötig).

1. Ich schenke mein__ Mutter ein__ modisch__ Kette zum Geburtstag.
2. Sie will ihr__ Schwester ein__ neu__ Handy mitbringen.
3. Der Sachbearbeiter hat mein__ Freund ein__ kompliziert__ Formular gegeben.
4. Der Mann zeigt d__ Touristen d__ Weg zum Bahnhof.

Flüssig sprechen

7 Hören Sie zu und sprechen Sie nach. 41

7 Gewusst wie

Kommunikation

Über Feste und Geschenke sprechen

Welches Fest ist in Ihrer Heimat besonders wichtig?
Was schenkt man in Ihrer Heimat zur Hochzeit?

Kleidung beschreiben

- Was für ein Kleid hast du getragen?
- Ein langes rotes Kleid, und ich hatte rote, elegante Schuhe.

Glückwünsche äußern

Herzlichen Glückwunsch zum Geburtstag / zur Hochzeit.
Alles Gute zum neuen Jahr / zur Hochzeit / zum Geburtstag!
Prosit Neujahr! Frohe Weihnachten! Frohe Ostern.

Komplimente machen und darauf reagieren

- Das Kleid steht Ihnen sehr gut!
- Danke schön. Das ist nett von Ihnen.

Einladungen verstehen und darauf reagieren

- Ich möchte dich zum Geburtstag einladen. Hast du am Samstag Zeit?
- Ja, ich komme gern. / Nein, da kann ich leider nicht.

Grammatik

Das Datum

Welcher Tag ist das?	Das ist **der dritte Zehnte.**
Wann ist das?	Das ist **am dritten Zehnten.**

Verben mit Dativ und Akkusativ

	Dativ (Person)	**Akkusativ** (Sache)
Ich schenke	meiner Mutter	einen Blumenstrauß.

ebenso: geben, mitbringen, zeigen, ...

Adjektivdeklination nach dem unbestimmten Artikel

	Nominativ	Akkusativ
m	Das ist ein/kein grau**er** Anzug.	Er trägt einen/keinen grau**en** Anzug.
n	Das ist ein/kein weiß**es** Kleid.	Sie trägt ein/kein weiß**es** Kleid.
f	Das ist eine/keine rot**e** Rose.	Sie trägt eine/keine rot**e** Rose.
Pl.	Das sind schön**e** Ohrringe. Das sind keine schön**en** Ohrringe.	Sie trägt schön**e** Ohrringe. Sie trägt keine schön**en** Ohrringe.

Station 2

Wiederholung

1 Acht Situationen. Arbeiten Sie zu zweit. Wählen Sie drei Situationen aus, machen Sie Notizen und spielen Sie die Dialoge.

1. Sie möchten sich für einen Kurs an der Volkshochschule anmelden. Fragen Sie nach Kosten und Terminen.

2. Sie wollen am Samstagabend essen gehen. Rufen Sie im Restaurant an und reservieren Sie einen Tisch.

3. Die Schulklasse von Ihrem Kind plant eine Klassenfahrt. Fragen Sie den Lehrer, wie viel Taschengeld die Kinder brauchen.

4. Ein neuer Arbeitskollege setzt sich in der Mittagspause zu Ihnen an den Tisch. Beginnen Sie ein Gespräch.

Bahlingen, 3 Zi.,
90m², EG, EBK,
KM 500 € + NK,
2 Monatsmieten
Kaution.
Heinz Weber,
Tel. 07664/94009

5. Sie haben diese Anzeige in einer Zeitung gelesen. Rufen Sie bei dem Vermieter an.

6. Sie haben eine neue Wohnung. Stellen Sie sich bei den Nachbarn vor.

7. Sie sind im Baumarkt, weil Sie Ihre Wohnung tapezieren wollen. Bitten Sie den Verkäufer um Hilfe.

8. Sie haben Geburtstag und wollen Ihre Freunde einladen. Rufen Sie an.

Handwerksberufe

1a Wo arbeiten die Handwerker? Sprechen Sie im Kurs.

der Elektriker

die Gärtnerin

der Installateur

die Malerin

der Tischler

im Park – in der Werkstatt – in der Wohnung – in der Gärtnerei – ...

1b Was machen die Handwerker? Ordnen Sie zu und erzählen Sie.

Parks pflegen – Möbel herstellen – Elektroleitungen legen – tapezieren – Türen einbauen – Wände streichen – Pflanzen verkaufen – Bäume schneiden – den Herd anschließen – Wasserleitungen reparieren – Heizungen montieren – ...

1c Hören und schreiben Sie: Welchen Handwerksberuf haben die Personen? 42

Kirsten Seiler: ______ Tim Umland: ______ Paul Sattler: ______

2a Hören Sie das Interview mit dem Malermeister und kreuzen Sie an: richtig oder falsch? 43

	R	F
1. Herr Reimann hat einen Handwerksbetrieb.	○	○
2. In dem Betrieb arbeiten sieben Angestellte.	○	○
3. Herr Reimann hat Lehrgänge besucht und ist Malermeister.	○	○
4. Nach der Gesellenprüfung muss man die Meisterprüfung machen.	○	○

2b Hören Sie das Interview noch einmal und ordnen Sie zu. 43

Ein Lehrling	1	A	hat einen Handwerksberuf gelernt und eine Prüfung gemacht.
Ein Geselle / Eine Gesellin	2	B	darf nach einer Prüfung Leute ausbilden.
Ein Meister / Eine Meisterin	3	C	lernt einen Beruf. Ein anderes Wort ist *der* oder *die Auszubildende*.

3a Ein Kundengespräch. Hören Sie und kreuzen Sie an: Welches Foto passt? 44

○ 

○ 

3b Hören Sie noch einmal und ergänzen Sie den Dialog. 44

Vielleicht 800 bis 1.000 Euro. Ich mache Ihnen noch ein genaues Angebot. – Ich habe hier einige Muster. Sie können sich eine Farbe aussuchen. – Ich denke, wir können in zwei Tagen fertig sein. – Wenn wir die Arbeiten anfangen, können wir an der Wand zuerst Probeanstriche machen.

- Wir ziehen hier bald ein, aber die weiße Farbe an den Wänden gefällt uns nicht.
- ______________________________
- Na ja, Blau gefällt mir nicht, aber vielleicht Gelb oder Orange?
- ______________________________
- Einverstanden. Wie teuer sind die Arbeiten?
- ______________________________
- Und wie lange dauert das?
- ______________________________

3c Variieren Sie den Dialog.

1. Ein Kunde möchte an den Türen eine andere Farbe. Die Arbeiten kosten 1.400 bis 1.800 Euro und dauern drei Tage.
2. Ein Mieter zieht aus seiner Wohnung aus. Die Wände sind grün, aber sie müssen weiß sein, wenn der Mieter auszieht. Die Arbeiten kosten 1.700 Euro und dauern vier Tage.

4 Projekt: Sammeln Sie Adressen und Telefonnummern von Handwerksbetrieben in Ihrem Kurs- oder Wohnort.

Prüfungsvorbereitung DTZ: Lesen

1 Lesen Sie die Tipps.

- Lesen Sie zuerst genau die Aufgaben.
- Überlegen Sie: Welche Wörter aus den Aufgaben finden Sie im Text wieder?
- Welche Wörter aus den Aufgaben sind im Text ähnlich?
- Beachten Sie: Es kann sein, dass Sie unter **A** und **B** keine passende Abteilung finden. Dann kreuzen Sie **C** *andere Abteilung* an.
- Sie verstehen ein Wort nicht? Das ist kein Problem. Sie müssen nicht alles verstehen. Aber Sie können die Aufgabe lösen!

2 Sie wollen einkaufen und lesen eine Infotafel im Kaufhaus. Lesen Sie die Aufgaben 1 bis 5 und den Text. Wo (A, B oder C) finden Sie etwas Passendes? Markieren Sie Ihre Lösungen auf dem Antwortbogen auf Seite 126.

1 Eine Freundin von Ihnen kocht gern.
Wo finden Sie ein passendes Geschenk?
- **A** Musik
- **B** Buch & Hörbuch
- **C** andere Abteilung

2 Das neue Jahr beginnt. Sie brauchen einen Kalender.
- **A** Büro
- **B** Musik
- **C** andere Abteilung

3 Sie wollen für Ihre Tochter einen Fußball kaufen.
- **A** Kinderwelt
- **B** Sport & Fitness
- **C** andere Abteilung

4 Sie brauchen Bettwäsche.
- **A** Mode
- **B** Film & DVD
- **C** andere Abteilung

5 Sie wollen Ihre Wohnung tapezieren.
- **A** Heimwerker
- **B** Wohnen & Schlafen
- **C** andere Abteilung

Wohnen & Schlafen
Tischdekoration / Bettwäsche
Decken / Kissen

Buch & Hörbuch
Romane / Sachbücher
Kochbücher / Ratgeber

Film & DVD
Neuheiten / Spielfilme
TV-Serien / Dokumentarfilme

Musik
Klassik / Pop
Schlager / Volksmusik

Kinderwelt
Spiele / Modellbau
Puppen / Stofftiere

Büro
Kalender / Hefte /
Ordner / Papier

Sport & Fitness
Fußball / Radsport
Tennis / Schwimmen

Mode
Herrenmode / Damenmode
Kinderkleidung / Schuhe

Heimwerker
Werkzeug / Malerbedarf
Gartenbedarf / Holz

Phonetik

LEKTION 1

Meine Geschichte

Wortakzent bei Partizipien

1a Hören Sie die Wörter und markieren Sie den Wortakzent. 45

gewohnt – gespielt – gearbeitet – gelernt
gegangen – gekommen – gewonnen – gegessen
umgezogen – angefangen – festgestellt – abgeholt
verlassen – bekommen – erzählt – verdient – beantragt

Die trennbaren Vorsilben um, an, ab, ... *haben immer den Wortakzent.*
Die untrennbaren Vorsilben be, emp, ent, er, ge, ver, zer *haben nie den Wortakzent.*

1b Sprechen und klatschen Sie die Partizipien.

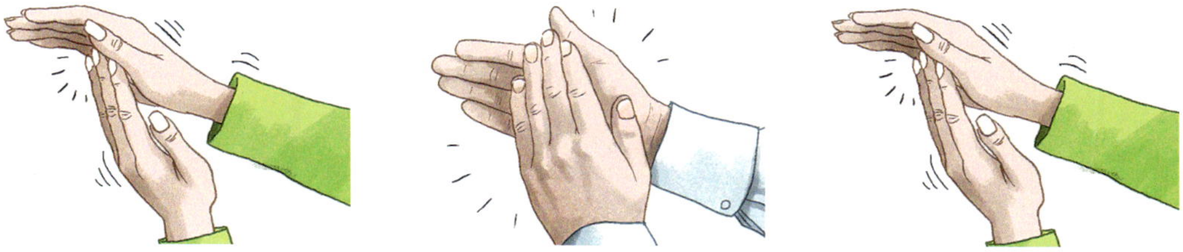

ge *gang* *en*

2 Fragen und antworten Sie und achten Sie auf den Wortakzent.

Haben Sie heute schon etwas gegessen?

😊
- Ja, ich habe heute schon etwas gegessen.
- Was denn?
- Ein Brötchen.

☹
- Nein, ich habe heute noch nichts gegessen.

Haben Sie heute schon etwas bekommen?
Haben Sie heute schon etwas gewonnen?
Haben Sie heute schon etwas angefangen?
Haben Sie heute schon etwas abgeholt?
Haben Sie heute schon etwas getrunken?
Haben Sie heute schon etwas beantragt?

LEKTION 2

Medien

Das *w*

1 Hören Sie zu und sprechen Sie nach. 46

wann – wer – wie – wo – was – warum
die Welt – das Wetter – die Werbung – auswählen

Auch: die Universität – das Vitamin
Auch: das Quiz – bequem

2 Hören Sie und kreuzen Sie an: Welches Wort hören Sie? 47

1 ○ weil ○ Beil
2 ○ wir ○ Bier
3 ○ Wein ○ Bein
4 ○ wohnen ○ Bohnen
5 ○ Wald ○ bald

3 Machen Sie Sätze mit vielen W-Wörtern und lesen Sie sie vor.

Wir wollen am Wochenende wieder im Wald wandern.

LEKTION 3

Endlich Wochenende

Das *s*, *sch*, *sp* und *st*

1a Das *sch*. Hören Sie zu und sprechen Sie nach. 48

das Geschäft – schön – schreiben – der Schirm – die Tasche – zwischen

Auch: der Chef

1b Das *sp* und *st*. Hören Sie zu und sprechen Sie nach. 49

spazieren gehen – der Sport – die Speisekarte – die Vorspeise –
in die Stadt gehen – ins Stadion gehen – der Stuhl – frühstücken

Aber: der Gast – fast – der Test
Diens·tag – Sams·tag – berufs·tätig

Am Wort- und Silbenanfang spricht man sp *und* st *als* schp *und* scht.
Ausnahme: einige Fremdwörter im Deutschen, z. B. Restaurant, Steak

2 Fragen und antworten Sie. Achten Sie auf *sch*, *st* und *sp*.

Was machen Sie sonntags?

Sonntags frühstücke ich lange.

... gehe ich schwimmen.
... gehe ich spazieren.
... mache ich Sport.
... spiele ich mit den Kindern.
... gehe ich in die Stadt.
... gehe ich ins Restaurant.
... schlafe ich lange.
... gehe ich an den Strand.

LEKTION 4

Schule

Das *o* und *u*

1a Hören Sie zu und sprechen Sie nach. 50

das Buch – der Beruf – wir mussten – wir durften
die Note – ohne – wir wollten – der Sport
ohne Buch – gute Noten – ein Schuljahr wiederholen

1b Hören Sie noch einmal und markieren Sie: Ist der Vokal lang oder kurz? 50

2a Partnerdiktat. Wählen Sie einen Text aus und ergänzen Sie die Vokale.

Text 1

Früher m___ssten wir n___r neun Jahre z___r Sch___le gehen. Danach k___nnten wir einen Ber___f lernen. Wir k___nnten sch___n schnell Geld verdienen. Jetzt machen die meisten J___gendlichen mindestens zehn Sch___ljahre. Viele machen Abit___r und w___llen dann ein St___dium anfangen. Sie brauchen g___te N___ten.

Text 2

Die Sch___le hat meistens ___m acht ___hr begonnen. Wir hatten zwei St___nden ___nterricht, dann hatten wir eine Pause. In der Pause haben wir ein Br___t und ___bst gegessen und manchmal eine C___la getr___nken. In der achten Klasse hatte ich keine g___ten N___ten, deshalb m___sste ich ein Jahr wiederh___len. Aber dann war ich g___t und habe Abit___r gemacht.

2b Diktieren Sie Ihren Text Ihrem Partner. Sprechen Sie die Vokale sehr deutlich.

LEKTION 5

Arbeit

Das *b, d, g* und *p, t, k*

1a Hören Sie zu und sprechen Sie nach. 51

b – d – g

p – t – k

1b Hören Sie die Paare und sprechen Sie nach. 52

d-t

dir – Tier
danken – tanken

g-k

Garten – Karten
gern – Kern

b-p

backen – packen
Bass – Pass

2 Manchmal spricht man nicht so, wie man schreibt. Kreuzen Sie an: Welchen Laut hören Sie? 53

	d	*t*
doch	○	○
leider	○	○
Das tut mir leid.	○	○
anstrengend	○	○
Hand	○	○
Handy	○	○
Kind	○	○
Kinder	○	○

	g	*k*
gut	○	○
Kollege	○	○
Tag	○	○
montags	○	○
Zug	○	○
zwei Züge	○	○
fragen	○	○
er fragt	○	○

	b	*p*
Bericht	○	○
bitte	○	○
Urlaub	○	○
Abteilung	○	○
geben	○	○
er gibt	○	○
Betrieb	○	○
Betriebe	○	○

Am Ende von einem Wort oder einer Silbe spricht man b, d, g *immer hart als* p, t, k.

Achtung: -ig *spricht man* -ich *(in Süddeutschland auch* -ik*)*
we·nig – schwie·rig – lus·tig

3 Würfeln und konjugieren Sie. Achten Sie auf *b, d* und *g*.

ich

du

er/es/sie

wir

ihr

sie (Pl.)

geben – leben – fragen – zeigen – einladen

LEKTION 6

Wohnen nach Wunsch

Die Vokale *a*, *ä*, *e* und *i*

1a Hören Sie zu und sprechen Sie nach. 54

zentral – später – leben – Miete –
Garten – Geschäft – Zettel – Innenstadt

Das kurze ä *und das kurze* e *spricht man gleich.*

a 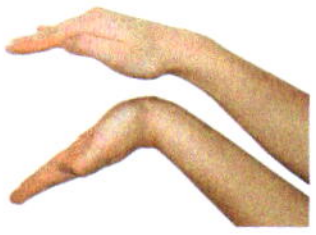 ä 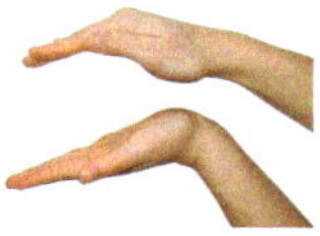 e 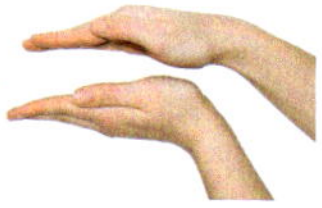 i 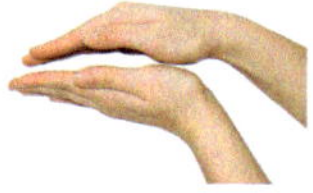

1b Hören Sie die Wörter und markieren Sie: Sind die Vokale lang oder kurz? 55

der Makler – die Stadt – die Städte – erklären – sich kennenlernen –
das Problem – schriftlich – sich verlieben

2 *E* oder *i*? Hören Sie und kreuzen Sie an: Welches Wort hören Sie? 56

1. O leben O lieben
2. O ihr sprecht O er spricht
3. O legen O liegen
4. O er O ihr
5. O er O ihr
6. O mehr O mir
7. O der O dir
8. O Sie O See

3 Arbeiten Sie zu zweit. Sprechen Sie wie im Beispiel. Achten Sie auf *e* und *i*.

Legen Sie das Heft auf den Tisch. – Gut, jetzt liegt das Heft auf dem Tisch.

den Stift auf das Heft
das Buch auf ...
den Radiergummi auf ...
das Handy auf ...
...

LEKTION 7

Feste feiern

Endungen hören und sprechen

1 Hören Sie zu und sprechen Sie nach. 57

schön – eine schöne (Kette) – ein schöner (Anzug) – ein schönes (Kleid)
(Er trägt) einen schönen (Anzug).

2 Hören Sie und kreuzen Sie an: Welches Wort hören Sie? 58

1.	O klein	O kleine	4.	O schön	O schönes
2.	O kleine	O kleiner	5.	O schönes	O schöner
3.	O kleiner	O kleinen	6.	O schöner	O schöne

3a Hören Sie zu und sprechen Sie nach. 59

Das ist ein schönes Brautpaar.
ein junger Bräutigam.
eine hübsche Braut.
Und das sind nette Hochzeitsgäste.

3b Ergänzen Sie Adjektive und sprechen Sie den Satz. Wer kann den Satz mit den meisten Adjektiven sprechen?

klein – groß – elegant – schick – sympathisch – lustig – komisch – langweilig – interessant – alt – romantisch – schön – jung – nett

Das ist ein schönes, romantisches Brautpaar, ein junger, lustiger …

Grammatik im Überblick

1 Verben

1a Präsens

Regelmäßige Verben

Infinitiv		kommen	heißen	arbeiten*
Singular	**ich**	komme	heiße	arbeite
	du	kommst	heißt	arbeitest
	er/es/sie/man	kommt	heißt	arbeitet
Plural	**wir**	kommen	heißen	arbeiten
	ihr	kommt	heißt	arbeitet
	sie/Sie	kommen	heißen	arbeiten

Woher kommen Sie?

*genauso: antworten: er/sie antwortet, abmelden: er/sie meldet ab, ...

Verben mit Vokalwechsel e→i/ie und a→ä

		e→i	e→ie	a→ä
Infinitiv		**sprechen**	**lesen**	**fahren**
Singular	**ich**	spreche	lese	fahre
	du	sprichst	liest	fährst
	er/es/sie/man	spricht	liest	fährt
Plural	**wir**	sprechen	lesen	fahren
	ihr	sprecht	lest	fahrt
	sie/Sie	sprechen	lesen	fahren

Sie spricht sehr gut Deutsch.

Alle Verben mit Vokalwechsel aus Pluspunkt A1 und A2 finden Sie in der Verbliste auf den Seiten 108–110.

Unregelmäßige Verben

Infinitiv		sein	haben	mögen	möchten	wissen
Singular	**ich**	bin	habe	mag	möchte	weiß
	du	bist	hast	magst	möchtest	weißt
	er/es/sie/man	ist	hat	mag	möchte	weiß
Plural	**wir**	sind	haben	mögen	möchten	wissen
	ihr	seid	habt	mögt	möchtet	wisst
	sie/Sie	sind	haben	mögen	möchten	wissen

Trennbare Verben

auf|stehen	→	Ich	**stehe**	um acht Uhr	**auf.**
ein|kaufen	→	Er	**kauft**	Lebensmittel	**ein.**

Alle trennbaren Verben aus Pluspunkt A2 sind in der Wortliste ab Seite 120 so markiert: **ab|biegen**

Modalverben

Infinitiv		**können**	**wollen**	**müssen**	**dürfen**	**sollen**
Singular	**ich**	kann	will	muss	darf	soll
	du	kannst	willst	musst	darfst	sollst
	er/es/sie/man	kann	will	muss	darf	soll
Plural	**wir**	können	wollen	müssen	dürfen	sollen
	ihr	könnt	wollt	müsst	dürft	sollt
	sie/Sie	können	wollen	müssen	dürfen	sollen

Ich	kann	gut Deutsch	sprechen.
Er	muss	heute um acht Uhr	aufstehen.
Hier	darf	man nicht	abbiegen.

1b Imperativ

	Sie	**du**	**ihr**
machen	Machen Sie ...	Mach ...	Macht ...
sprechen	Sprechen Sie ...	Sprich ...	Sprecht ...
mitkommen	Kommen Sie ... mit!	Komm ... mit!	Kommt ... mit!
(!) **fahren**	Fahren Sie ...	Fahr ...	Fahrt ...
(!) **sein**	Seien Sie ...	Sei ...	Seid ...

Schreiben Sie, bitte!

1c Präteritum

Sein und *haben*

Infinitiv		**sein**	**haben**
Singular	**ich**	war	hatte
	du	warst	hattest
	er/es/sie/man	war	hatte
Plural	**wir**	waren	hatten
	ihr	wart	hattet
	sie/Sie	waren	hatten

Waren Sie schon einmal in Berlin?

Nein, leider noch nicht.

Modalverben

Infinitiv		können	wollen	müssen	dürfen	sollen
Singular	**ich**	konnte	wollte	musste	durfte	sollte
	du	konntest	wolltest	musstest	durftest	solltest
	er/es/sie/man	konnte	wollte	musste	durfte	sollte
Plural	**wir**	konnten	wollten	mussten	durften	sollten
	ihr	konntet	wolltet	musstet	durftet	solltet
	sie/Sie	konnten	wollten	mussten	durften	sollten

1d Perfekt

Haben/Sein + Partizip

	haben/sein		Partizip am Ende
Er	hat	in einer Großstadt	gelebt.
Ich	bin	1995 nach Deutschland	gekommen.
Wann	sind	Sie nach Deutschland	gefahren?
	Haben	Sie gestern auf dem Markt	eingekauft?

Perfekt mit *sein* oder *haben*?

Die meisten Verben bilden das Perfekt mit *haben*.

Verben der Bewegung bilden das Perfekt mit *sein*: abbiegen, abfahren, ankommen, aufstehen, ausgehen, fahren, fliegen, gehen, joggen, kommen, laufen, mitfahren, mitkommen, reinkommen, reisen, schwimmen, umsteigen, umziehen, vorbeikommen, wandern, wegfahren, weiterfahren, zurückfahren, zurückkommen

Außerdem auch: bleiben, sein, passieren

Partizipien

		trennbare Verben	ohne „ge-“ • Verben mit der Vorsilbe be-, emp-, ent-, er-, ge-, ver-, zer- • Verben mit der Endung -ieren
regelmäßig (Endung „t“)	**ge … t** gespielt gesucht gezahlt	**… ge … t** mitgespielt	**… t** bezahlt versucht passiert
unregelmäßig (Endung „en“)	**ge … en** gekommen gefahren gegangen	**… ge … en** angekommen abgefahren mitgegangen	**… en** bekommen verstanden gefallen

1e Verben und Ergänzungen

Verben mit Nominativ und Akkusativ

Nominativ	Verb	Akkusativ
Ich	habe	einen Sohn.
Er	isst	einen Hamburger.
Wir	besichtigen	die Stadt.

genauso: brauchen, sehen, nehmen, besichtigen, möchten, ...

Verben mit Nominativ, Dativ und Akkusativ

Nominativ	Verb	Dativ	Akkusativ
Der Beamte	gibt	mir	das Formular.
Er	schenkt	seinem Vater	eine Krawatte.
Sie	schenkt	ihrer Mutter	einen Pullover.

genauso: bringen, holen, erklären, ...

Verben mit Nominativ und Dativ

Nominativ	Verb	Dativ
Wir	helfen	euch.

genauso: helfen, gehören, ...

Ein Verb mit Nominativ und Nominativ

Nominativ	Verb	Nominativ
Das	ist	ein Mantel.

2 Artikel und Nomen

2a Die Artikel

	m (maskulin)		n (neutral)		f (feminin)		Pl. (Plural)	
bestimmter Artikel	der		das		die		die	
unbestimmter Artikel	ein		ein		eine		–	
Negativartikel	kein	Mann	kein	Auto	keine	Frau	keine	Kinder
Possessivartikel	mein		mein		meine		meine	
Demonstrativartikel	dieser		dieses		diese		diese	

Da ist ein Mann.

Der Mann heißt Tim Fink.

2b Possessivartikel

	m		n		f		Pl.	
ich	mein	Mann	mein	Haus	meine	Frau	meine	Kinder
du	dein		dein		deine		deine	
er/es	sein		sein		seine		seine	
sie	ihr		ihr		ihre		ihre	
wir	unser		unser		unsere		unsere	
ihr	euer		euer		eure		eure	
sie	ihr		ihr		ihre		ihre	
Sie	Ihr		Ihr		Ihre		Ihre	

2c Nominativ, Akkusativ und Dativ

Nominativ

	m		n		f		Pl.	
bestimmter Artikel	der	Mann	das	Haus	die	Frau	die	Kinder
unbestimmter Artikel	ein		ein		eine		–	
Negativartikel	kein		kein		keine		keine	
Possessivartikel	mein		mein		meine		meine	
Demonstrativartikel	dieser		dieses		diese		diese	

Akkusativ

	m		n		f		Pl.	
bestimmter Artikel	den	Mann	das	Haus	die	Frau	die	Kinder
unbestimmter Artikel	einen		ein		eine		–	
Negativartikel	keinen		kein		keine		keine	
Possessivartikel	meinen		mein		meine		meine	
Demonstrativartikel	diesen		dieses		diese		diese	

Dativ

	m		n		f		Pl.	
bestimmter Artikel	dem	Mann	dem	Haus	der	Frau	den	Kindern
unbestimmter Artikel	einem		einem		einer		–	
Negativartikel	keinem		keinem		keiner		keinen	
Possessivartikel	meinem		meinem		meiner		meinen	
Demonstrativartikel	diesem		diesem		dieser		diesen	

Das Nomen hat im Dativ Plural immer die Endung *-n*.
Wir spielen **mit den** Kinder**n**.

Ausnahme: Nomen mit s-Plural: die Autos – mit den Autos.

2d Das Fragewort *welch-*

	Nominativ	Akkusativ	Dativ
m	welch**er** Zug	welch**en** Zug	(mit) welch**em** Zug
n	welch**es** Gleis	welch**es** Gleis	(von) welch**em** Gleis
f	welch**e** Station	welch**e** Station	(bei) welch**er** Station
Pl.	welch**e** Züge	welch**e** Züge	(mit) welch**en** Zügen

Das Fragewort *welch-* ist bestimmt, die Antwort ist mit dem bestimmten Artikel:
Welchen Stift möchtest du, den Kuli oder den Bleistift? – **Den** Kuli.

2e Das Fragewort *was für ein-*

	Nominativ	Akkusativ	Dativ
m	was für ein Anzug	was für ein**en** Anzug	(mit) was für ein**em** Anzug
n	was für ein Kleid	was für ein Kleid	(mit) was für ein**em** Kleid
f	was für ein**e** Kette	was für ein**e** Kette	(mit) was für ein**er** Kette
Pl.	was für Schuhe	was für Schuhe	(mit) was für Schuhen

Das Fragewort *was für ein-* ist unbestimmt, die Antwort ist mit dem unbestimmten Artikel.
Was für ein Kleid hast du auf deiner Hochzeit getragen? – **Ein** weißes (Kleid).

2f Singular und Plural

	Singular	Plural		Singular	Plural
-e	der Tisch	die Tisch**e**	–	der Computer	die Computer
-en	die Zahl	die Zahl**en**	-er	das Kind	die Kind**er**
-n	die Tasche	die Tasche**n**	-s	das Auto	die Auto**s**
-nen	die Lehrerin	die Lehrerin**nen**	**mit Umlaut**	der Stuhl	die St**ü**hl**e**
				das Haus	die H**ä**us**er**

3 Pronomen

3a Personalpronomen

Nominativ	Akkusativ	Dativ
ich	mich	mir
du	dich	dir
er	ihn	ihm
es	es	ihm
sie	sie	ihr
wir	uns	uns
ihr	euch	euch
sie	sie	ihnen
Sie	Sie	Ihnen

Ich rufe dich morgen an.

Können Sie mir bitte helfen?

Gehört das Auto euch?

Der Schrank ist alt. **Er** ist schön.
Die Küche ist klein. **Sie** ist praktisch.

Das Bett ist neu. **Es** ist modern.
Die Blumen sind schön. **Sie** sind rot.

3b Reflexivpronomen

		Reflexivpronomen
ich	freue	mich
du	freust	dich
er/es/sie/man	freut	**sich**
wir	freuen	uns
ihr	freut	euch
Sie/sie	freuen	**sich**

Guten Tag, ich möchte mich vorstellen. Mein Name ist ...

genauso: sich ärgern, sich (wohl) fühlen, sich kennen lernen, sich verlieben, sich streiten, sich trennen, sich entschuldigen, sich anmelden, sich anziehen, ...

3c Das unpersönliche Pronomen *man*

Wie schreibt **man** das?
Hier darf **man** nicht rauchen.

In Sätzen mit *man* steht das Verb in der 3. Person Singular.

3d Artikel als Pronomen

Wie finden Sie den blauen Anzug?
Wie gefällt Ihnen die Bluse?
Wie finden Sie die Hose?
Wie gefallen Ihnen die Schuhe?

Der ist nicht schlecht. **Den** nehme ich.
Die gefällt mir gut. **Die** nehme ich.
Die ist nicht schön. **Die** nehme ich nicht.
Die finde ich gut. **Die** kaufe ich.

4 Präpositionen

4a Temporale Präpositionen

um	um 8 Uhr, um halb 10, um 13 Uhr 30 Der Film beginnt um 20 Uhr.
bis	Der Film geht bis 22 Uhr.
von ... bis	Der Film geht von 20 Uhr bis 22 Uhr.
an + Dativ	Am Montagnachmittag geht sie ins Kino.
nach + Dativ	Nach der Pause hat sie einen Termin.
vor + Dativ	Es ist Viertel vor acht.
ab + Dativ	Kinder ab 13 Jahren müssen auf der Straße fahren.

4b Lokale Präpositionen

Wo?	**bei**	Sie ist beim Friseur.
	in	Sie ist im Supermarkt.
Wohin?	**zu**	Sie geht zur Post.
	nach	Sie fährt nach Italien.
	in	Sie fliegt in die Schweiz.
Woher?	**von**	Sie kommt von der Arbeit.
	aus	Sie kommt aus Frankreich.

i

an + dem → am

bei + dem → beim
in + dem → im

zu + der → zur
zu + dem → zum

von + dem → vom

4c Präpositionen mit Dativ

bei	Ich wohne bei meinen Verwandten. Sie arbeitet bei der Volksbank.
nach	Nach dem Deutschkurs möchte ich eine Arbeit suchen.
aus	Ich gehe jeden Morgen um acht Uhr aus dem Haus.
mit	Ich fahre mit meiner Freundin nach Hamburg.
zu	Ich gehe jeden Tag zur Sprachschule.
von	Um 13 Uhr komme ich von der Sprachschule nach Hause.
seit	Sie wohnt seit einem Jahr in München.

4d Präpositionen mit Akkusativ

für	Für den Antrag brauchen Sie einen Pass und ein Foto.
durch	Der Zug fährt durch das Höllental.
um	Man kann sehr gut um den Schluchsee wandern.
ohne	Die Frau trinkt Früchtetee ohne Zucker.
gegen	Gestern bin ich leider gegen einen Baum gefahren.

4e Als

Er arbeitet als Erzieher.

4f Wechselpräpositionen mit Akkusativ oder Dativ

Wohin? → Präposition + Akkusativ		Wo? → Präposition + Dativ

Er geht ins Kino.	**in**	Er ist im Kino.
Der Bus fährt an die Kreuzung.	**an**	Der Bus steht an der Kreuzung.
Er geht auf den Markt.	**auf**	Er ist auf dem Markt.
Sie stellen den Papierkorb unter den Tisch.	**unter**	Der Papierkorb steht unter dem Tisch.
Sie hängen die Lampe über den Tisch.	**über**	Die Lampe hängt über dem Tisch.
Er fährt das Auto vor die Garage.	**vor**	Das Auto ist vor der Garage.
Sie bringen das Fahrrad hinter das Haus.	**hinter**	Das Fahrrad ist hinter dem Haus.
Sie stellen die Mülltonnen neben das Haus.	**neben**	Die Mülltonnen sind neben dem Haus.
Er stellt den Herd zwischen die Spüle und den Kühlschrank.	**zwischen**	Der Herd steht zwischen der Spüle und dem Kühlschrank.

Stellen und *legen* – *stehen* und *liegen*

Wohin? → *stellen* oder *legen*

Wohin legt sie die Tischdecke? –
Auf den Tisch.

Wohin stellt sie die Vase? –
Auf die Kommode.

Wo? → *stehen* oder *liegen*

Wo liegt die Tischdecke? –
Auf dem Tisch.

Wo steht die Vase? –
Auf der Kommode.

5 Adjektive

5a Adjektive nach dem Nomen

Adjektive nach dem Nomen haben keine Endung.

Der Schrank ist neu.
Das Sofa ist bequem.

Ich finde den Schrank schön.
Ich finde das Sofa langweilig.

5b Adjektive vor dem Nomen

Zwischen Artikel und Nomen haben Adjektive eine Endung.

	Nominativ			Akkusativ		
m	der	elegant**e**	Anzug	den	elegant**en**	Anzug
	ein	elegant**er**	Anzug	einen	elegant**en**	Anzug
	kein	elegant**er**	Anzug	keinen	elegant**en**	Anzug
	mein	elegant**er**	Anzug	meinen	elegant**en**	Anzug
n	das	wunderschön**e**	Kleid	das	wunderschön**e**	Kleid
	ein	wunderschön**es**	Kleid	ein	wunderschön**es**	Kleid
	kein	wunderschön**es**	Kleid	kein	wunderschön**es**	Kleid
	mein	wunderschön**es**	Kleid	mein	wunderschön**es**	Kleid
f	die	schick**e**	Bluse	die	schick**e**	Bluse
	eine	schick**e**	Bluse	eine	schick**e**	Bluse
	keine	schick**e**	Bluse	keine	schick**e**	Bluse
	meine	schick**e**	Bluse	meine	schick**e**	Bluse
Pl.	die	bequem**en**	Schuhe	die	bequem**en**	Schuhe
	–	bequem**e**	Schuhe	–	bequem**e**	Schuhe
	keine	bequem**en**	Schuhe	keine	bequem**en**	Schuhe
	meine	bequem**en**	Schuhe	meine	bequem**en**	Schuhe

Er trägt einen eleganten Anzug, sie trägt ein wunderschönes Kleid. Sie sind ein fantastisches Brautpaar.

Aber das sind keine eleganten Schuhe!

5c Adjektive im Komparativ

schön – schön**er**
hell – hell**er**
kurz – kürz**er**

(!) gern – **lieber**
(!) gut – **besser**
(!) viel – **mehr**

Naomi ist kleiner als Alex.

Katia ist genauso groß wie Klaus.

6 Wörter im Satz

6a Verneinung mit *nicht* und *kein*

ein → kein

Ich habe **einen** Tisch / **ein** Sofa / **eine** Waschmaschine / Stühle.
Ich habe **keinen** Tisch / **kein** Sofa / **keine** Waschmaschine / **keine** Stühle.
Ich habe **kein** Geld / **keine** Zeit / **keine** Lust.

nicht

Heute kommt er. Morgen kommt er **nicht**.
Sie isst gern Käse. Sie isst **nicht** gern Käse.
Ich arbeite viel. Ich arbeite **nicht** viel.

6b Aussagesätze und W-Fragen

	Position 2	
Woher	**kommen**	Sie?
Ich	**komme**	aus Costa Rica.
Wie	**heißt**	Ihr Sohn?
Er	**heißt**	Lukas.
Was	**sind**	Sie von Beruf?
Ich	**bin**	Lehrerin.

Am Wochenende	**besuche**	ich meine Freunde.
Ich	**besuche**	am Wochenende meine Freunde.
Dann	**machen**	wir eine Radtour.

6c Ja/Nein-Fragen (Satzfragen)

Kommen	Sie aus München?
Haben	Sie morgen Zeit?
Möchtest	du einen Kaffee?
Kennt	ihr Berlin?

6d Satzklammer (trennbare Verben, Modalverben, Perfekt)

Wann	**holst**	du morgen die Kinder	**ab?**
Ich	**hole**	sie am Nachmittag	**ab.**
Frau Steiner	**muss**	morgen früh	**aufstehen.**
Frau Kuhn	**will**	am Wochenende nicht	**arbeiten.**
Früher	**habe**	ich in der Stadt	**gewohnt.**

6e *Ja*, *nein* und *doch*

Frage ohne Negation

Hast du Zeit?
- ☺ Ja, natürlich habe ich Zeit.
- ☹ Nein, leider habe ich keine Zeit.

Frage mit Negation

Hast du keine Zeit?
- ☺ **Doch**, natürlich habe ich Zeit.
- ☹ Nein, leider habe ich keine Zeit.

7 Sätze verbinden

7a Sätze verbinden mit *und, aber, denn, oder*

Ich gehe in den Supermarkt	**und** (ich) kaufe Käse.
Ich spreche Spanisch,	**aber** Fatima spricht Türkisch.
Am Sonntag habe ich frei,	**denn** ich muss nicht arbeiten.
Im Urlaub fahren wir nach Spanien,	**oder** wir fliegen nach Costa Rica.

7b Nebensätze

In Nebensätzen steht das konjugierte Verb am Satzende. Trennbare Verben stehen zusammen am Satzende.

Nebensätze mit *weil*

Das Internet ist wichtig für mich, **weil** ich dort viele Informationen	finde.
Er ist zufrieden, **weil** er eine gute Stelle	hat.

Nebensätze mit *dass*

Ich finde, **dass** Fernsehen für kleine Kinder nicht gut	ist.
Ich finde, **dass** Kinder im Internet viel lernen	können.

Nebensätze mit Fragewort

Weißt du, **wo** der Brief	ist?
Weißt du, **wann** der der Zug	abfährt?

Nebensätze mit *wenn*

Sie kann aufs Gymnasium gehen, **wenn** sie gute Noten	bekommt.

Auch: **Wenn** sie gute Noten bekommt, (dann) kann sie aufs Gymnasium gehen.

8 Datum

8a Wann …? – Am …

1–19 + *ten*	ab 20 + *sten*
am 1. – am **ersten**	am 20. – am zwanzig**sten**
am 2. – am zwei**ten**	am 21. – am einundzwanzig**sten**
am 3. – am **dritten**	am 22. – am zweiundzwanzig**sten**
am 4. – am vier**ten**	am 23. – am dreiundzwanzig**sten**
am 5. – am fünf**ten**	am 24. – am vierundzwanzig**sten**
am 6. – am sechs**ten**	am 25. – am fünfundzwanzig**sten**
am 7. – am **siebten**	am 26. – am sechsundzwanzig**sten**
am 8. – am **achten**	am 27. – am siebenundzwanzig**sten**
am 9. – am neun**ten**	am 28. – am achtundzwanzig**sten**
am 10. – am zehn**ten**	am 29. – am neunundzwanzig**sten**
	am 30. – am dreißig**sten**
	am 31. – am einunddreißig**sten**

Wann haben Sie geheiratet?

Am 9.9.1999.

8b Welcher Tag …?

Welcher Tag ist heute? Heute ist der neunte Vierte.

Unregelmäßige Verben

Die Liste enthält alle unregelmäßigen Verben aus **Pluspunkt Deutsch A1 und A2**.

Infinitiv	Präsens 3. Person Sg. er/es/sie/man	Perfekt 3. Person Sg. er/es/sie/man
abbiegen	biegt ab	ist abgebogen
abfahren	fährt ab	ist abgefahren
abgeben	gibt ab	hat abgegeben
anfangen	fängt an	hat angefangen
anhalten	hält an	hat angehalten
ankommen	kommt an	ist angekommen
annehmen	nimmt an	hat angenommen
anrufen	ruft an	hat angerufen
anziehen	zieht an	hat angezogen
auffallen	fällt auf	ist aufgefallen
aufstehen	steht auf	ist aufgestanden
ausfallen	fällt aus	ist ausgefallen
ausgehen	geht aus	ist ausgegangen
aussehen	sieht aus	hat ausgesehen
beginnen	beginnt	hat begonnen
behalten	behält	hat behalten
bekommen	bekommt	hat bekommen
beraten	berät	hat beraten
besprechen	bespricht	hat besprochen
bestehen	besteht	hat bestanden
bieten	bietet	hat geboten
binden	bindet	hat gebunden
bleiben	bleibt	ist geblieben
bringen	bringt	hat gebracht
denken	denkt	hat gedacht
dürfen	darf	hat gedurft
einladen	lädt ein	hat eingeladen
eintragen	trägt ein	hat eingetragen
empfehlen	empfiehlt	hat empfohlen
essen	isst	hat gegessen
fahren	fährt	ist gefahren
fallen	fällt	ist gefallen
fernsehen	sieht fern	hat ferngesehen
finden	findet	hat gefunden
fliegen	fliegt	ist geflogen
geben	gibt	hat gegeben
gefallen	gefällt	hat gefallen
gehen	geht	ist gegangen
gewinnen	gewinnt	hat gewonnen

Infinitiv	Präsens 3. Person Sg. er/es/sie/man	Perfekt 3. Person Sg. er/es/sie/man
haben	hat	hat gehabt
halten	hält	hat gehalten
heben	hebt	hat gehoben
heißen	heißt	hat geheißen
helfen	hilft	hat geholfen
herunterladen	lädt herunter	hat heruntergeladen
kennen	kennt	hat gekannt
kommt	kommt	ist gekommen
können	kann	hat gekonnt
laufen	läuft	ist gelaufen
leid tun	tut leid	hat leid getan
lesen	liest	hat gelesen
liegen	liegt	hat gelegen
losgehen	geht los	ist losgegangen
mitbringen	bringt mit	hat mitgebracht
mitfahren	fährt mit	ist mitgefahren
mitgeben	gibt mit	hat mitgegeben
mitkommen	kommt mit	ist mitgekommen
mitnehmen	nimmt mit	hat mitgenommen
mögen	mag	hat gemocht
müssen	muss	hat gemusst
nachsehen	sieht nach	hat nachgesehen
nachsitzen	sitzt nach	hat nachgesessen
nachsprechen	spricht nach	hat nachgesprochen
nehmen	nimmt	hat genommen
nennen	nennt	hat genannt
passieren	passiert	ist passiert
reinkommen	kommt rein	ist reingekommen
riechen	riecht	hat gerochen
scheinen	scheint	hat geschienen
schlafen	schläft	hat geschlafen
schließen	schließt	hat geschlossen
schreiben	schreibt	hat geschrieben
schwimmen	schwimmt	ist geschwommen
sehen	sieht	hat gesehen
sein	ist	ist gewesen
sitzen	sitzt	hat gesessen
sprechen	spricht	hat gesprochen
stattfinden	findet statt	hat stattgefunden
stehen	steht	hat gestanden
streichen	streicht	hat gestrichen
streiten	streitet	hat gestritten
tragen	trägt	hat getragen
treffen	trifft	hat getroffen

Infinitiv	**Präsens 3. Person Sg. er/es/sie/man**	**Perfekt 3. Person Sg. er/es/sie/man**
trinken	trinkt	hat getrunken
überweisen	überweist	hat überwiesen
umsteigen	steigt um	ist umgestiegen
umziehen	zieht um	ist umgezogen
unterhalten (sich)	unterhält sich	hat sich unterhalten
unterschreiben	unterschreibt	hat unterschrieben
verbringen	verbringt	hat verbracht
vergessen	vergisst	hat vergessen
vergleichen	vergleicht	hat verglichen
verlassen	verlässt	hat verlassen
verschieben	verschiebt	hat verschoben
verstehen	versteht	hat verstanden
vorbeikommen	kommt vorbei	ist vorbeigekommen
vorlesen	liest vor	hat vorgelesen
vorsprechen	spricht vor	hat vorgesprochen
wegfahren	fährt weg	ist weggefahren
wehtun	tut weh	hat wehgetan
weiterfahren	fährt weiter	ist weitergefahren
werden	wird	ist geworden
werfen	wirft	hat geworfen
wiederkommen	kommt wieder	ist wiedergekommen
wissen	weiß	hat gewusst
zurückbringen	bringt zurück	hat zurückgebracht
zurückfahren	fährt zurück	ist zurückgefahren
zurückkommen	kommt zurück	ist zurückgekommen
zurückschreiben	schreibt zurück	hat zurückgeschrieben

Hörtexte

Hier finden Sie alle Hörtexte, die nicht oder nicht vollständig im Buch abgedruckt sind.

LEKTION 1 Meine Geschichte

B 1b

- Erzählen Sie doch ein bisschen. Woher kommen Sie? Wo haben Sie früher gelebt?
- Ich bin Afghane, ich bin in Kabul geboren und habe in der Ukraine studiert, Radiotechnik. Da, an der Universität habe ich meine Frau kennengelernt. Sie kommt aus der Ukraine und hat Russisch und Weltliteratur studiert. Sie war dann Lehrerin. Nach dem Studium sind wir nach Afghanistan gegangen, ich habe eine gute Stelle bekommen. Meine Frau hat nicht gearbeitet, das war nicht möglich, sie war zu Hause mit den Kindern. Ich hatte eine interessante Arbeit, aber die Situation in Afghanistan war sehr schwierig, und ist immer schwieriger geworden und meine Frau hatte immer Angst. Dann haben wir gesagt, wir müssen weggehen. Wir haben Verwandte und Freunde in Großbritannien, in den USA und in Deutschland und dann haben wir uns für Deutschland entschieden. Warum? Ich weiß nicht. Die Großmutter von meiner Frau hat immer gesagt, dass Deutschland gut ist, sie mochte Goethe und hat den Kindern deutsche Märchen erzählt. Ja, dann haben uns unsere Verwandten in Deutschland geholfen. Deshalb sind wir nach Deutschland gegangen.
- Frau Taskin, Sie sind dann nach Deutschland gekommen, Ihre Verwandten haben geholfen, aber Sie haben nicht bei den Verwandten gewohnt. Wie war der Anfang in Deutschland?
- Am Anfang haben wir in einem Wohnheim für Ausländer gewohnt, in Gersfeld. Die Wohnung von unseren Verwandten war zu klein. Und die erste Zeit in Deutschland war sehr schwer. Ich war oft depressiv. Mein Mann hat keine Arbeit gefunden, wir hatten viele Probleme mit den Ämtern und Behörden. Mein Mann hat dann einen Sprachkurs gemacht, ich hatte keine Zeit, ich war zu Hause bei den Kindern, wir haben fünf Kinder und ich hatte kaum Kontakt zu anderen Leuten. Unsere Verwandten wohnen in Hamburg und unsere Freunde in München. Das ist weit weg. Wir haben nur manchmal am Telefon gesprochen. Das war eine schwere Zeit. Darüber möchte ich nicht viel sprechen.
- Aber jetzt geht es Ihnen gut. Wie haben Sie das geschafft?
- Jetzt geht es uns gut. Wie haben wir das geschafft? Mein Mann hat eine Arbeit gefunden. Sie ist nicht so interessant, aber er verdient gut. Und ich bin aktiv geworden. Ich kann nicht zu Hause sitzen, dann werde ich krank. Ich muss immer etwas machen, ich helfe gern anderen Menschen, brauche Kontakt mit anderen Menschen. Eine richtige Arbeit habe ich nicht gefunden, ich bin Russischlehrerin und in deutschen Schulen gibt es nicht viel Russischunterricht. Das ist schade. Aber ich gebe Russischunterricht für Kinder in einem Verein. Denn

die Kinder sollen nicht nur Deutsch lernen, sie sollen auch ihre Muttersprache lernen. Einmal in der Woche kommen sie zu uns und wir machen Unterricht. Und die Eltern kommen auch, und wir reden viel, trinken Tee und helfen uns gegenseitig, geben uns Tipps. Manchmal gehen wir auch zusammen zu einem Amt oder einer Behörde. Das ist ganz wichtig für mich.

C 4a

1. Ich habe früher immer nur die Grammatik gelernt. Das ist auch wichtig, aber ich habe gemerkt, Wörter sind noch viel wichtiger. Man muss viele Wörter kennen und verstehen, dann kann man Deutsche besser verstehen.
2. Fehler, Fehler, Fehler – man darf einfach keine Angst haben. Früher habe ich immer Angst gehabt, ich habe lieber gar nicht gesprochen. Aber dann lernt man auch nicht. Jetzt spreche ich viel und probiere viel, natürlich mache ich auch Fehler, aber so lerne ich auch.

Alles Klar 2a

Ich war in meiner Heimat Lehrerin, Mathematiklehrerin. Und ich möchte jetzt auch in Deutschland als Lehrerin arbeiten. Aber dann muss ich sehr gut Deutsch sprechen können. Deshalb möchte ich Deutsch lernen. Das ist ganz wichtig für mich. Ich muss alles lernen: lesen, schreiben, hören und natürlich auch sprechen. Hören mache ich nicht so gern, die Deutschen sprechen so schnell und ich verstehe dann nicht gut. Ich sage immer: „Bitte sprechen Sie langsam", aber die Deutschen sprechen immer schnell. Das ist schwer für mich. Deshalb lese ich sehr gern. Dann habe ich genug Zeit. Ich kann auch mal ein Wort im Wörterbuch suchen und dann kann ich alles verstehen. So kann ich gut lernen.

Alles Klar 8

Sie können sagen: Bitte sprechen Sie langsam. – Sie können Wortkarten schreiben. – Sie können einen Tanzkurs besuchen. – Sie können die CDs zu Hause viel hören. – Sie können jeden Tag ein bisschen schreiben. – Sie können viel mit Deutschen sprechen. – Sie dürfen keine Angst haben.

LEKTION 2 Medien

A 2b

1. Das Internet ist ganz gut. Nachmittags mache ich mit meinen Freunden gern Online-Spiele und ich finde viele Informationen für meine Hausaufgaben. Auch in der Schule haben wir schon mit dem Internet gearbeitet. Aber ich glaube, ich kann auch ohne Internet leben.
2. Ich bin jetzt 77. Früher habe ich das Internet nie gebraucht. Warum jetzt? Bücher sind einfach besser. Aber meine Frau ist ganz begeistert. Sie hat einen Internetkurs besucht und schreibt jetzt immer E-Mails an ihre Freundinnen. Oft surft sie den ganzen Abend im Internet.
3. Das Internet ist für mich sehr wichtig, weil ich es für meine Arbeit als Übersetzerin brauche. Ich schicke die Übersetzungen per E-Mail und es gibt auch viele Wörterbücher. Wörterbücher aus Papier brauche ich nur noch sehr selten.
4. Ich finde das Internet sehr praktisch, weil ich mit meinen Freunden in China chatten kann. Außerdem lerne ich jetzt Deutsch und im Internet gibt es viele Übungen.

Später will ich studieren und im Studium ist das Internet noch wichtiger.

B 4a

1. Ihr Fernseher gefällt Ihnen nicht mehr? Bild und Ton sind schlecht? Elektro-Hanser hat super Angebote für Fernseher und moderne Elektronik. Zum Beispiel Fernseher: jetzt nur 179 Euro. Geöffnet montags bis samstags 10.00 bis 20.00 Uhr, donnerstags auch bis 22.00 Uhr. Elektro-Hanser – 18 Filialen in ganz Deutschland. Auch in Ihrer Nähe.
2. Der Arbeitstag war hart, Sie kommen müde nach Hause – dann ist es Zeit für den Büning Abendtee und der Abend wird ruhig und gemütlich. Der Abendtee – ein Tee aus dem Hause Büning. Jetzt bei Edeka – 100 g für nur 2,99 Euro.

B 6a

- Guten Abend, meine Damen und Herren, das Diskussionsthema heute ist das Fernsehen. Was ist positiv, was ist negativ? Wir haben einige Gäste eingeladen. Frau Hegel, was meinen Sie?
- Ja, also, das Fernsehen bietet gute Informationen. Und ich mag auch die Tiersendungen.
- Was denken Sie, Herr Friedrichsen?
- Naja, im Radio gibt es mehr Informationssendungen. Und die Unterhaltung ist im Fernsehen auch schlecht. Gute Sendungen kommen immer sehr spät.
- Frau Wissmann, was ist Ihre Meinung?
- Hm, es gibt zu viel Werbung. Außerdem ist Fernsehen nicht gut für Kinder.
- Und was sagen Sie, Herr Gottfried?
- Es gibt gute Familiensendungen. Kinder lernen in den Kindersendungen viel. Das finde ich sehr positiv.

Alles Klar 6

Herr Schmidt benutzt viele Medien. – Sein Handy benutzt er täglich, weil er viel unterwegs ist. – Er muss immer erreichbar sein. – Er surft im Internet, weil er Informationen braucht. – Er liest Zeitschriften, weil es entspannend ist. – Fernsehen mag er nicht. – Er ist dagegen, dass Kinder viel fernsehen.

LEKTION 3 Endlich Wochenende

B 4b

- Restaurant am Park, guten Abend?
- Guten Abend, ich möchte gern für Samstagabend einen Tisch reservieren. Haben Sie da noch etwas frei?
- Einen Moment, bitte. Ich schau mal in unser Buch für Reservierungen. Um wie viel Uhr möchten Sie denn kommen?
- Gegen 19 Uhr.
- Und wie viele Personen sind Sie?
- Drei Personen. Und wir hätten gern einen Tisch auf der Terrasse.
- Oh, das tut mir leid. Da sind alle Tische reserviert ... Warten Sie, um 21.00 Uhr kann ich Ihnen einen Tisch auf der Terrasse reservieren. Oder können Sie so spät nicht mehr kommen?
- Doch, um neun passt auch gut.
- Sehr schön, wie ist Ihr Name?
- Gros.
- Wie schreibt man das? Mit „s“ oder mit „ß“?
- Mit einem „s“.
- Sehr schön, Frau Gros. Bis Samstagabend. Auf Wiederhören.
- Auf Wiederhören.

Alles Klar 7

Essen im Restaurant. – Guten Tag, die Speisekarte, bitte. – Ich hätte gern ein Steak. – Ich nehme auch noch einen Salat. – Ich trinke ein Mineralwasser. – Wir möchten zahlen. – Was macht das zusammen? – 20 Euro, das stimmt so.

LEKTION 4 Schule

A 5

1. ◖ Guten Tag, Frau Unlütük.
   ◖ Guten Tag, Herr Meier. Können Sie mir sagen, welche Noten meine Tochter dieses Jahr auf dem Zeugnis hat?
   ◖ Natürlich. Yasmin hat ein Sehr gut in Deutsch und ein Gut in Sport.
   ◖ Oh, das ist sehr schön. Wir möchten sie gern an der Realschule anmelden.
   ◖ Das ist eine gute Entscheidung.
2. ◖ Guten Morgen, Herr Sanchez.
   ◖ Guten Morgen, Marcel. In einigen Monaten machst du ja deinen Realschulabschluss. Hm, sehr schön. Deine Note in Deutsch ist viel besser. Ein Gut. Was ist denn mit deinem Ausbildungsplatz bei der Firma Sennfilder?
   ◖ Die Personalchefin hat gesagt, wenn meine Deutschnote ein Befriedigend oder besser ist, bekomme ich den Ausbildungsplatz.
3. ◖ Na, Svenja, was machen die Abi-Klausuren?
   ◖ Es läuft ganz gut. Ich habe fast alles Sehr gut und Gut. Nur in Chemie habe ich ein Ausreichend im Test. Tja, damit kann ich jetzt leider nicht Medizin studieren.

B 3

◖ Herzlich Willkommen zu unserem Elternabend! Es ist wirklich schön, dass Sie Zeit haben. Ihre Kinder sind ja neu an unserer Schule und da gibt es sicher viele Fragen! Frau Yildirim?

◖ Wann machen sie eine Klassenfahrt? Wie teuer ist das?

◖ Wir machen in der sechsten Klasse eine Klassenfahrt und dann alle zwei Jahre, das kostet so ungefähr 200–250 Euro.

◖ Müssen die Kinder die Klassenfahrt oder den Schwimmunterricht machen?

◖ Ja, alle Kinder müssen teilnehmen. Noch etwas anderes: Wir sammeln jedes Jahr für unsere Klassenkasse 20 Euro pro Kind. Davon bezahlen wir zum Beispiel kleine Ausflüge.

◖ Was brauchen die Kinder dieses Jahr für die Schule?

◖ Wir haben hier eine Liste für Sie, da können Sie sehen, welche Bücher, Hefte und Stifte Ihre Kinder in der Schule brauchen. Alle anderen Bücher bekommen sie von der Schule.

◖ Dürfen die Kinder Handys in die Schule mitnehmen?

◖ Sie müssen das Handy oder MP3-Player in der Schule ausschalten.

Alles Klar 6

Wenn er viel lernt, bekommt er gute Noten. – Wenn er gute Noten hat, bekommt er ein gutes Abitur. – Wenn er ein gutes Abitur bekommt, kann er studieren. – Wenn er studiert, muss er viel lernen. – Wenn er viel lernt, bekommt er gute Noten.

Station 1

1b

1. Ich heiße Veronika Burger. Ich bin Hotelfachfrau und arbeite an der Rezeption. Später will ich ein Fachstudium machen und Hotelmanagerin werden.
2. Ich bin Auszubildender und will Koch werden. Meine Ausbildung dauert drei Jahre. In zwei Jahren bin ich fertig. Einmal, manchmal zweimal in der Woche gehe ich zur Berufsschule. Dort lerne ich die Theorie, in der Hotelküche die Praxis.
3. Mein Name ist Alexandra Babel. Ich räume die Gästezimmer auf. Eigentlich bin ich Studentin. Die Arbeit hier ist nur ein Nebenjob, denn ich brauche das Geld für mein Studium. Beim Zimmerpersonal arbeiten viele Mitarbeiter ohne Ausbildung.
4. Mein Name ist Sven Matschak. Ich bin Hotelmanager im Hotel Sonnenhof. Ich habe eine Ausbildung zum Hotelfachmann gemacht. Danach habe ich fünf Jahre in verschiedenen Hotels gearbeitet. Vor drei Jahren habe ich ein Fachstudium gemacht und jetzt bin ich Manager.

Prüfungsvorbereitung 2a

- Praxis Dr. Saus. Hier spricht Melanie Frei. Was kann ich für Sie tun?
- Guten Tag, mein Name ist Hartmut Medo. Ich habe Halsschmerzen und brauche ganz schnell einen Termin. Am besten noch heute Vormittag, vielleicht in einer Stunde, also um elf Uhr?
- Tut mir leid. Das Wartezimmer ist schon voll. Geht es heute Nachmittag um drei?
- Ja, das geht.
- Oh, Entschuldigung! Ich sehe gerade, dass ich da schon einen Patienten eingetragen habe. Geht es auch eine halbe Stunde später?
- Um 15.30 Uhr? Naja, wenn es sein muss.
- Also dann bis 15.30 Uhr. Auf Wiederhören, Herr Medo.
- Auf Wiederhören.

Prüfungsvorbereitung 3

- Guten Tag, mein Name ist Carlos Gonzalez. Ich habe hier einen Antrag auf Kindergeld für meine Familie und mich.
- Wollen Sie den Antrag abgeben?
- Ja, aber ich verstehe nicht alles. Können Sie mir helfen?
- Darf ich den Antrag bitte mal sehen? Hier haben Sie alles eingetragen. Aber hier fehlt ein Kreuz.
- Ja, was heißt „Erstantrag“? Können Sie mir das erklären?
- Haben Sie schon einmal einen Kindergeldantrag gestellt?
- Nein, das ist mein erster Antrag auf Kindergeld.
- Dann ist das Ihr Erstantrag und Sie kreuzen das Feld an. Wie viele Kinder haben Sie denn?
- Wir haben zwei Kinder.
- Dann ist der Antrag also für zwei Kinder. Haben Sie alle Unterlagen?

LEKTION 5 Am Arbeitsplatz

A 1

1. - Kannst du mir sagen, wie der neue Kollege heißt?
   - Sein Name ist Friesinger.

2. Können Sie mir erklären, was das heißt?
   Oh, tut mir leid. Das verstehe ich auch nicht.
3. Können Sie mir sagen, wann der Chef kommt?
   Ich glaube, er kommt um zehn Uhr.

A 5a

1. Weißt du, wo meine Brille ist?
2. Darf ich fragen, wo Sie den Pullover gekauft haben?
3. Können Sie mir erklären, wie der Automat funktioniert?
4. Entschuldigen Sie, wissen Sie, wie spät es ist?

C 1a

Herr Gebert, ich glaube, der neue Kopierer ist kaputt.
Aber nein! Er funktioniert sehr gut.
Aber ich kann keine Kopien machen! Der alte Kopierer war besser. Dieser Kopierer ist so kompliziert. Wo starte ich den Kopierer?
Ich erkläre Ihnen das. Diese Taste ist die Start-Taste.
Ja, jetzt kommen Kopien. Aber so vieles ist anders!
Auch das erkläre ich Ihnen gern. Der Kopierer hat drei Fächer für Papier. Diese Fächer sind für A4-Papier und dieses Fach ist für A3-Papier.

D 1a

1. Spedition Mehring, Nicole Olsen am Apparat.
   Guten Morgen, Frau Olsen. Hier spricht Peter Frei. Ich bin erkältet und kann heute nicht kommen.
   Gute Besserung, Herr Frei. Gehen Sie heute noch zum Arzt?
   Ja, heute Nachmittag. Ich schicke Ihnen dann eine Krankmeldung.
2. Frau Siegmann, haben Sie das Regal schon eingeräumt?
   Nein, noch nicht. Ich war bis jetzt an Kasse zwei, weil viele Kunden zahlen wollten.
3. Entschuldigung, ist hier noch frei?
   Natürlich. Nehmen Sie Platz ... Sie sind neu hier in der Firma, richtig?
   Ja, ich arbeite seit drei Tagen hier. Mein Name ist Günther Gebert.
   Ich heiße Martina Obermann. Gefällt es Ihnen bei uns?
   Ja, hier ist es nicht schlecht. Die Kollegen sind nett und ...

Alles Klar 6

Könnten Sie mir bitte helfen? – Könnten Sie mir bitte einen Schlüssel geben? – Könnten Sie mir bitte den Brief zeigen? – Wissen Sie, wo der Hausmeister ist? – Können Sie mir sagen, wann der Chef kommt? – Wissen Sie, wie der Kopierer funktioniert? – Wissen Sie, was es heute in der Kantine gibt?

LEKTION 6 Wohnen nach Wunsch

B 1a

1. Guten Tag, wir möchten uns vorstellen. Wir sind die neuen Nachbarn, Olaru ist mein Name.
   Guten Tag, mein Name ist Blatt. Hoffentlich fühlen Sie sich hier wohl. Haben Sie Kinder?
   Ja, wir haben zwei Jungen, sie sind fünf und acht Jahre alt.
   Oh, das ist schön, ich habe auch zwei Jungen, Zwillinge. Sie sind sieben.

- Wir haben vorher in der Stadt gewohnt, und die Wohnung war laut und klein. Hier haben wir Platz. Das ist wunderbar. Ich freue mich, dass wir diese Wohnung bekommen haben.

2.
- Guten Tag, wir sind die neuen Nachbarn, Olaru ist mein Name.
- Guten Tag.
- Ehm, wir wollten uns nur kurz vorstellen.
- Ja und?
- Ehm, ja also, dann gehen wir mal wieder, einen schönen Tag noch.
- Oh je, das kann ja lustig werden.

3.
- Guten Tag, wir möchten uns vorstellen. Wir sind die neuen Nachbarn, Olaru ist mein Name und das ist meine Frau.
- Guten Tag, freut mich Sie kennenzulernen, woher kommen Sie denn?
- Jetzt kommen wir aus Köln, unsere Heimat ist aber Rumänien.
- Ah, Rumänien, wir wollten immer schon einmal nach Rumänien. Wir sehen immer im Fernsehen Reportagen über fremde Länder. Das ist so interessant.
- Ja, Rumänien ist ein wunderschönes Land. Wir haben viele Fotos, vielleicht möchten Sie einmal kommen, dann trinken wir einen Tee und zeigen Ihnen Fotos.
- Oh, wir möchten Sie nicht stören, Sie haben jetzt bestimmt viel zu tun. Ein Umzug ist immer viel Arbeit.
- Nein, nein, das geht schon. Wir freuen uns, wenn Sie kommen. Vielleicht am nächsten Wochenende?
- Ja, ...

C 4a

- Guten Tag, können Sie mir helfen?
- Ja, gern, was kann ich für Sie tun?
- Ich möchte meine Wohnung streichen und brauche Farbe und Pinsel.
- Ja, Wandfarbe haben wir da drüben und die Pinsel finden Sie links neben der Farbe im Regal. Wir haben auch ein Sonderangebot: drei Eimer Wandfarbe plus Rolle nur 44,90 €.
- Ja, das nehme ich, eine Rolle ist besser als ein Pinsel.
- Brauchen Sie auch eine Leiter?
- Nein, eine Leiter habe ich schon.

Alles Klar 6

Guten Tag, wir möchten uns vorstellen. – Wir sind die neuen Nachbarn. – Wir haben vorher außerhalb gewohnt. – Das war nicht sehr praktisch. – Wir mussten viel mit dem Auto fahren. – Hier ist es viel besser. – Es gibt viele Geschäfte.

LEKTION 7 Feste feiern

B 4a

- Uschi, erzähl doch mal die Geschichte von der Hochzeit mit Pannen.
- Ja, gerne, also, das ist nicht meine Geschichte, das ist die Geschichte von einer Freundin von meiner Schwester. Sie heißt Elke. Und Elke, die hat immer Pech. Also Elke hat geheiratet und das war mal wieder typisch. Sie haben alles super organisiert: erst Standesamt, dann ein wunderschönes Restaurant im Wald und abends tanzen. Elke organisiert immer alles ganz genau. Naja, und dann kommt der Hochzeitstag. Erst war alles gut. Sie waren auf dem Standesamt, Elke hatte ein tolles Kleid, der Mann war

auch sehr elegant, der Standesbeamte hat eine schöne Rede gehalten und sie haben Ringe getauscht. Dann sind sie aus dem Standesamt rausgekommen und da waren alle Freunde und Verwandte und haben Reis geworfen. Elke war total glücklich. Ja, und dann hat es ein bisschen geregnet, also sie sind zum Restaurant gefahren und es hat immer mehr geregnet. Sie mussten vom Parkplatz zum Restaurant laufen und sind patschnass geworden. Das schöne Kleid! Aber es wurde noch schlimmer. Sie kommen zum Restaurant und da hängt ein Schild: Heute geschlossen! Die Tür war zu, kein Mensch war da!

- Was war denn passiert? Wie kann das sein?
- Keine Ahnung, ich glaube im Restaurant haben sie ein falsches Datum notiert. Aber jedenfalls, was konnten sie machen? Sie sind dann im Regen durch die Stadt gelaufen und haben ein Restaurant für 30 Leute gesucht. Elke hat die ganze Zeit geheult.
- Und haben sie etwas gefunden?
- Ja, sie haben dann eine kleine Pizzeria gefunden, nicht besonders gut, aber es war Platz für 30 Personen und die haben auch noch was zu Essen gemacht. Aber tanzen war dann natürlich nicht möglich. Es war schon eine ziemliche Katastrophenhochzeit.
- So viel Pech, die Armen, aber hat das Glück für die Ehe gebracht? Wie geht ...

Alles Klar 7

Ich habe heute Geburtstag und mache eine Party. – Ich lade viele Gäste ein. – Meine Freundin hat mir geholfen. – Wir haben Getränke und Musik besorgt. – Meine Gäste bringen Essen mit. – Ich habe schon viele Geschenke bekommen. – Meine Eltern haben mir ein Kochbuch geschenkt. – Meine Schwester hat mir Theaterkarten geschenkt. – Mein Bruder hat mir eine Schachtel Pralinen geschenkt. – Es klingelt, der erste Gast kommt.

Station 2

1c

1. Ich heiße Kirsten Seiler und arbeite bei der Stadt. Wir pflegen die Parks, pflanzen dort Blumen und Bäume und wir schneiden sie. Früher habe ich in einer Gärtnerei gearbeitet. Da habe ich nur Pflanzen verkauft. Das war sehr langweilig.
2. Tim Umland ist mein Name. In meiner Werkstatt stelle ich Möbel her, aber keine Türen oder Fenster. Das habe ich in meiner Ausbildung auch gelernt, aber ich finde die Herstellung von Möbeln interessanter. Ich mag meine Arbeit und den Kontakt zu den Kunden.
3. Mein Name ist Paul Sattler. Ich lege Elektroleitungen und manchmal rufen mich die Leute auch, weil sie wollen, dass ich den Herd anschließe. Ich habe eine eigene Firma.

2a

- Herr Reimann, Sie sind Maler von Beruf und haben einen kleinen Betrieb. Wie viele Leute arbeiten bei Ihnen?
- Meine Frau Hilde macht die Büroarbeiten. Außerdem haben wir noch vier Angestellte und einen Lehrling, wir sind also zusammen sieben Personen im Betrieb.
- Können Sie uns vielleicht kurz erklären: Was bedeutet Lehrling und was bedeutet Malergeselle?

- Der Lehrling, oder wie man meistens sagt, der Auszubildende, lernt den Beruf. Die Ausbildung dauert drei Jahre. Wenn er fertig ist, macht er eine Prüfung und ist dann Malergeselle.
- Wann haben Sie Ihre Ausbildung zum Malergesellen gemacht?
- Vor 25 Jahren. Später habe ich dann Lehrgänge gemacht und jetzt bin ich Malermeister.
- Meister? Was bedeutet das?
- Nach den Lehrgängen habe ich noch eine Prüfung gemacht. Als Meister darf ich unter anderem junge Leute in meinem Beruf ausbilden.
- Muss man auch die Meisterprüfung machen, wenn man Geselle ist?
- Nein, aber mit der Meisterprüfung hat man gute Chancen im Beruf.

3a

- Wir ziehen hier bald ein, aber die weiße Farbe an den Wänden gefällt uns nicht.
- Ich habe hier einige Muster. Sie können sich eine Farbe aussuchen.
- Na ja, Blau gefällt mir nicht, aber vielleicht Gelb oder Orange?
- Wenn wir die Arbeiten anfangen, können wir an der Wand zuerst Probeanstriche machen.
- Einverstanden. Wie teuer sind die Arbeiten?
- Vielleicht 800 bis 1000 Euro. Ich mache Ihnen noch ein genaues Angebot.
- Und wie lange dauert das?
- Ich denke, wir können in zwei Tagen fertig sein.

Alphabetische Wortliste

Die alphabetische Wortliste enthält den Wortschatz der Lektionen 1–7 des Kursbuches. Zahlen, grammatische Begriffe sowie Namen von Personen, Städten und Ländern sind in der Liste nicht enthalten. Wörter, die zum Wortschatz des ***Test Start Deutsch 1*** und des ***Deutsch-Test für Zuwanderer (B1)*** gehören, sind markiert.
Die Zahlen geben an, wo die Wörter zum ersten Mal vorkommen (z. B. 5/B1a bedeutet Lektion 5, Block B, Übung 1a).
AT bedeutet Auftaktseite der jeweiligen Lektion.
Ein · oder ein _ unter dem Wort zeigt den Wortakzent:
ạ = kurzer Vokal
a = langer Vokal
ab|holen = trennbares Verb

Nach dem Nomen finden Sie immer den Artikel und die Pluralform:
" = Umlaut im Plural
Sg. = dieses Wort gibt es (meistens) nur im Singular
Pl. = dieses Wort gibt es (meistens) nur im Plural

A

A4-/A3-Papier, das, Sg. 5/C1b
Abitur, das, Sg. 4/A2a
Ạblöse, die, Sg. 6/A1b
ạb|schicken 2/C1a
Ạbschluss, der, "-e 4/A2a
Ạbschnitt, der, -e 4/B5a
Ạbstand, der (hier: Sg.) 6/A1b
ach so 6/A1b
Ạkku, der, -s 5/C2a
aktiv 1/B1d
ạlle 2/B3b
Alles Gute! 7/C4a
ạls (Sie arbeitet als Busfahrerin.) 5/AT1b
amerikanisch 1/A1a
Ạnfang, der, "-e 1/B1d
Ạngst, die, Sg. 1/A1a
ạn|hängen 2/C1a
ạn|melden 4/A2a
ạn|schauen 5/B1
Ạnzeige, die, -n 5/C2a
Ạrbeitsplatz, der, "-e 5/AT
auf|fallen, aufgefallen 7/C2a
auf|hängen 6/C4b
auf|passen 4/klar2
Ausbildung, die, -en 4/A2a
Ausbildungsjahr, das, -e 4/A2a
Ausbildungsplatz, der, "-e 4/klar3
aus|probieren 1/C2a
ausreichend 4/A5
aus|schalten 5/C2b
außerhalb 6/AT1
aus|wählen 2/C1b
auswendig 1/C2a
Autoradio, das, -s 2/B3b
Autowerkstatt, die, "-en 4/A2a

B

beẹnden 5/C2a
befriedigend 4/A5
behạlten, behạlten 1/C2a
beide 4/A2a
Beleg, der, -e 5/A3
Berịcht, der, -e 5/B1
Berufsschule, die, -n 4/A1
Bescheid sagen 5/B1
besọrgen 7/C3a
besprẹchen, besprọchen 4/B5a
Besprẹchung, die, -en 5/B5
bestehen, bestạnden 3/A2a
Betrẹffzeile, die, -n 2/C1b

Betriebsfeier, die, -n **7/A1**
Betriebsrat, der, "-e **5/B1**
Betriebsversammlung, die, -en **5/B1**
Bewerbung, die, -en **4/klar3**
bieten, geboten **2/B3b**
binden, gebunden **5/AT1a**
Biologie, die, Sg. **4/AT1b**
Blumenstrauß, der, "-e **5/AT1a**
Boden, der, "- **3/A3a**
Bohrschrauber, der, - **6/C4a**
Braut, die, "-e **7/B1b**
Bräutigam, der, -e **7/B1c**
Brautkleid, das, -er **7/B1a**
Brautpaar, das, -e **7/B4b**
Buddhist/in, der/die, -en/-nen **7/D1**
Busfahrer/in, der/die, -/-nen **5/AT1b**

C

CD, die, -s **1/C5**
chatten **2/A1**
Chemie, die, Sg. **4/AT1b**
Christ/in, der/die, -en/-nen **7/D1**
Co (hier: E-Mail und Co) **2/C**
Computerkurs, der, -e **1/C5**
Computerprogramm, das, -e **5/B3**

D

dabei sein **7/C2a**
dafür **2/B7**
dagegen **2/B7**
damals **4/B1a**
dass **2/B6c**
Datei, die, -en **2/C1a**
Decke, die, -n **6/C3a**
denken, gedacht **2/A2a**
depressiv **1/B1d**
deshalb **1/A1a**
Deutschprüfung, die, -en **3/A2a**
Deutschtest, der, -s **3/A2a**
Deutschübung, die, -en **2/A2c**
Diätmenü, das, -s **2/B5**
dieser, -s, -e **5/C1b**
doch: Doch, ich habe Zeit. **3/B1b**
drüben **6/klar3**
drücken **5/C2a**
Dübel, der, - **6/C4a**
Durchschnitt, der, Sg. (hier: im Durchschnitt) **2/B3b**

E

echt **7/B3**
eigen **1/A**
ein|räumen **5/D1b**
einsam **6/B3a**
ein|schalten **2/B3b**
einzig **7/C2a**
Elektroabteilung, die, -en **5/klar2**
Elektroartikel, der, - **5/A4**
Elternabend, der, -e **4/B3**
E-Mail, die, -s **2/C**
E-Mail-Adresse, die, -n **2/C1a**
E-Mail-Programm, das, -e **2/C1b**
endlich **3/AT**
Energie, die, Sg. **2/B5**
eng **7/B1a**
entspannend **2/AT2**
erreichbar **2/AT2**
erschöpft **6/B3b**
erst **1/A1a**
erzählen **1/A**
Erzieher/in, der/die, -/-nen **5/AT**
Essen, das, - **7/A5**

F

Fach (1), das, "-er (Schulfach) **4/A5**
Fach (2), das "-er **5/C1b**
fallen, gefallen **3/A3a**
fantastisch **6/B3a**
Farbroller, der, - **6/C4a**
Farsi **1/B2a**
Fehler, der, - **1/C2a**
Feierabend, der, -e **2/B5**
Feiertag, der, -e **7/AT2a**
Fernsehen, das, Sg. **2/B**
Fernsehfilm, der, -e **2/B1a**
Fernsehprogramm, das, -e **2/B1a**
fertig **5/B1**
fest|stellen **1/A1a**
Festtag, der, -e **7/D**
fit **6/B3b**
Fitnessstudio, das, -s **3/C1a**
fleißig **4/A3**
Florist/in, der/die, -en/-nen **5/AT**
Fotoapparat, der, -e **7/klar5**
Fotokopierer, der, - **5/klar5**
Freitagvormittag, der, -e **5/B1**
freuen (+ sich) **6/B2a**
freundlich **4/AT1b**
froh **7/C4a**
fröhlich **7/B3**
Fußballstadion, das, -stadien **3/A2a**
Fußboden, der, "- **6/C2**

G

Gabel, die, -n 3/A3a
Gameboy, der, -s 2/AT1
Gast, der, “-e 3/A3a
Gastgeber/in, der/die, -/-nen 7/C1
Geburtstag, der, -e 7/A1
Geschenk, das, -e 7/C1
Geschichte (1), die, Sg. 1/AT
Geschichte (2), die, Sg. (hier: Schulfach) 4/AT1b
Geschirr, das, Sg. 7/A3
Gespräch, das, -e 5/C2a
Gesprächsthema, das, -themen 2/B3b
gesund 2/B5
getrennt: Zusammen oder getrennt? 3/B4a
gewinnen, gewonnen 1/A1a
Glückwunsch, der, “-e 3/B1a
Grammatik, die, -en 1/C4a
Grund, der, “-e 1/A1a
gründen 1/A1a
Grundschule, die, -n 4/A1
Gymnasium, das, Gymnasien 4/A1

H

Hammer, der, “- 6/C4a
Handschuh, der, -e 7/B1a
Hauptschulabschluss, der, “-e 4/B1a
Hauptschule, die, -n 4/A1
Hauptspeise, die, -n 3/B5a
Haustier, das, -e 6/A1a
hektisch 1/AT1b
herzkrank 1/A1a
Herzkrankheit, die, -en 1/A1a
Herzlichen Glückwunsch! 3/B1a
Hilfe, die, -n 4/B5a
hilfsbereit 7/B3
Hindu, der/die, -s 7/D1
Hochzeitsfeier, die, -n 7/A1
hoffentlich 6/B2a
höflich 5/A5a
Hotel, das, -s 2/klar5
Hotelfachfrau, die, -en 4/klar5

I

Information, die, -en 2/B3b
Informationssendung, die, -en 2/B6b
informieren 2/B7
Innenstadt, die, “-e 6/AT1
installieren 5/B1
Instrument, das, -e 5/AT1a
interkulturell 7/D
Internetanbieter, der, - 2/C2
Internetzugang, der, “-e 2/C2

J

jemand 6/A4
Job, der, -s 3/B1a
Jubiläum, das, Jubiläen 7/A4
Jude/Jüdin, der/die, -n/-nen 7/D1
jung 1/B1a

K

Kalender, der, - 7/D
Katze, die, -n 3/A3a
Kaution, die, -en 6/A1b
Kerze, die, -n 7/A3
Kette, die, -n 7/A3
Kfz-Mechatroniker/in, der/die, -/-nen 4/A2a
Kindersendung, die, -en 2/B1a
Klasse, die, -n, (Schulklasse) 4/AT1b
Klassenarbeit, die, -en 4/B3
Klassenfahrt, die, -en 4/B3
Klassenkasse, die, -n 4/B3
Klassenlehrer/in, der/die, -/-nen 4/B1a
Knopf, der, ”-e 5/C2a
Kopierer, der, - 5/C1a
Kosten, Pl. 4/B5a
Krawatte, die, -n 7/A3
Kühlregal, das, -e 5/D2b
kündigen 6/A3b
Kunst, die (hier: Schulfach) 4/AT1b
Kunstunterricht, der, Sg. 4/B3
küssen (+ sich) 6/B4a

L

laufen, gelaufen (hier: das Radio läuft) 2/B3b
legen 6/C3a
leid tun, leid getan 5/A2b
Leiter, die, -n 6/C4a
Lerntyp, der, -en 1/C3
Liebesfilm, der, -e 3/klar6
Lieblingsfach, das, “-er 4/AT1b
Löffel, der, - 3/A3a
löschen 2/C1a
lustig 1/C2a

M

machen (hier: Das macht 10 Euro.) 3/B4a
Makler/in, der/die, -/-nen 6/A1b
mangelhaft 4/A5
Mathematik, die, Sg. 4/AT1b
Mathematiklehrer/in, der/die, -/-nen 1/klar2a
matt 6/B3b
Medien, Pl. 2/AT
Medizin, die, Sg. 4/A2a
meisten: die meisten 5/AT1b
meistens 6/A4
Menü, das, -s 5/C2b
Messer, das, - 3/A3a
Mieter/in, der/die, -/-nen 6/A3a
mit: mit sechs Jahren 4/A2a
Mitarbeiter/in, der/die, -/-nen 5/B1
mit|geben, mitgegeben 4/B5a
Mitte, die, Sg. 2/AT1
Mitteilung, die, -en 5/B
modisch 7/klar6
Monatsmiete, die, -n 6/A1b
Moslem/in, der/die, -s/-nen 7/D1
Motor, der, -en 5/AT1a
MP3-Player, der, - 2/AT1
mündlich 6/A3b
Musiksendung, die, -en 2/klar2b

N

nach (hier: Das Radio ist nach dem Fernsehen Nummer 2.) 2/B3b
Nachhilfe, die, Sg. 4/A2a
nach|sitzen, nachgesessen 4/B1a
Nachspeise, die, -n 3/B5a
nach|sprechen, nachgesprochen 1/C2a
nachts 7/klar4
Nagel, der, "- 6/C4a
nämlich 4/A2a
Nationalmannschaft, die, -en 1/A1a
natürlich 1/B2a
negativ 1/A1c
Neujahr, das, Sg. 7/C4a
normal 7/C2a
normalerweise 7/A5
Note, die, -n 4/AT1b
Notiz, die, -en 5/B5
nützlich 2/A3

O

Obstkorb, der, "-e 7/A3
öffentlich 6/AT2
Ohrring, der, -e 7/B1b
Online-Spiel, das, -e 2/A2c
Ordner, der, - 5/A3
Ostern 7/C4a

P

Parfüm, das, -s 7/A3
Party, die, -s 7/C1
Pausenregel, die, -n 5/B3
Physik, die, Sg. 4/AT1b
Pilot/in, der/die, -en/-nen 5/AT
Pinsel, der, - 6/C4a
Platz (hier: auf Platz eins) 2/B3b
Platz nehmen, Platz genommen 5/D2a
Pokal, der, -e 1/A1a
politisch 1/A1a
Polizist/in, der/die, -en/-nen 5/AT1b
positiv 1/A1c
Post, die, Sg. 5/B4a
Praline, die, -n 7/A3
prima 6/B3b
pro 2/B3b
Profifußballer/in, der/die, -/-nen 1/A1a
Prospekt, der, -e 5/B1
Pros(i)t Neujahr! 7/C4a
Provision, die, -en 6/A1b
pünktlich 4/A3

Q

Quiz, das, Sg. 2/B1a

R

Raum, der, "-e 4/B5a
Realschule, die, -n 4/A1
Regel, die, -n 1/C2a
renovieren 6/C1
Rentner/in, der/die, -/-nen 2/A2a
reparieren 5/AT1a
reservieren 3/B4a
romantisch 7/B1a
Rotwein, der, -e 3/B4a
Russischlehrer/in, der/die, -/-nen 1/B1d

S

Sachbearbeiter/in, der/die, -/-nen 7/klar6
samstags 3/AT2
Samstagvormittag, der, -e 6/A1b
Satz, der, ¨-e 1/C2a
sauber 1/AT1b
Schachtel, die, -n 7/A3
schade 7/A2b
schaffen 1/B
schenken 7/A3
Schirm, der, -e 3/A3a
schlank 2/B5
Schleier, der, - 7/B1a
Schmuck, der, Sg. 7/A3
Schraube, die, -n 6/C4a
schriftlich 1/C2a
Schüler/in, der/die, -/-nen 2/A2a
Schulhof, der, ¨-e 4/AT1b
Schuljahr, das, -e 4/A2a
Schulzeit, die, Sg. 4/B2a
schwach 6/B3b
Schwiegereltern, Pl. 3/C1a
schwierig 1/B3
Schwimmunterricht, der, Sg. 4/B3
selbstverständlich 5/A4
Sendung, die, -en 2/B1b
Serviette, die, -n 3/A3a
Silvester 7/AT1a
SIM-Karte, die, -n 5/C2a
SMS, die, - 3/B1a
Software, die, Sg. 5/B1
Sonntagabend, der, -e 3/B4a
sonntags 3/AT2
spannend 2/AT2
Spedition, die, -en 5/D2b
speichern 2/C1a
Speisekarte, die, -n 3/A3a
Sportsendung, die, -en 2/B1a
Sportunterricht, der, Sg. 4/B3
Sprachkurs, der, -e 1/B1d
Staatsbürgerschaft, die, -en 1/A1a
stark 6/B3a
Start-Taste, die, -n 5/C1b
Steak, das, -s 3/B4a
stellen (hier: eine Frage stellen) 4/B1a
stellen 5/D2b
steuern 5/AT1a
Stiftung, die, -en 1/A1a
stimmen (hier: Stimmt so.) 3/B4a
Stimmung, die, Sg. 7/C2a
streichen, gestrichen 6/C1
streng 4/AT1b
Stress, der, Sg. 7/klar4
Studienplatz, der, ¨-e 4/A2a
Studium, das, Sg. 1/B1c
surfen 2/AT1
sympathisch 6/B1b

T

Tageszeitung, die, -en 2/B3a
Tanzfläche, die, -n 7/C2a
Tapete, die, -n 6/C2
tapezieren 6/C1
Taschengeld, das, Sg. 4/B4
Taschentuch, das, ¨-er 7/B1a
Taste, die, -n 5/C1b
tauschen 7/B4b
Technik, die, Sg. 4/A2a
Teddybär, der, -en 7/A3
Teller, der, - 3/A3a
Text, der, -e 2/C1a
Tierfilm, der, -e 2/B1a
Tiersendung, die, -en 2/klar2b
Tourist/in, der/die, -en/-nen 7/klar6
trennen (+ sich) 6/B4a

U

übermorgen 7/C3b
übernachten 4/klar2
überprüfen 5/AT1a
überraschen 6/C1
Übersetzer/in, der/die, -/-nen 2/A2a
Übung, die, -en 1/C2a
Übungsheft, das, -e 4/B4
Umzug, der, ¨-e 7/klar4
unbedingt 1/C5
unbegrenzt 6/A3b
unfreundlich 6/B1b
ungenügend 4/A5
Universität, die, -en 1/B1a
unkompliziert 7/C2a
unsympathisch 6/B1b
unter-: der untere Abschnitt 4/B5a
unterhalten (+ sich) 7/C2a
unwichtig 2/AT2

V

Vase, die, -n 6/C3b
verbringen, verbracht 3/C1a
verdienen 1/A1a
Verein, der, -e 1/B1d
vergleichen, verglichen 2/A1
Verkehrsmeldung, die, -en 2/B3b
verlassen, verlassen 1/A1a
verlieben (+ sich) 6/B4a

vermieten 6/A1b
Vermieter/in, der/die, -/-nen 6/A3a
Vermutung, die, -en 2/A2b
verschieben, verschoben 5/B1
Vizemeister/in, der/die, -/-nen 1/A1a
Vizeweltmeister/in, der/die, -/-nen 1/A1a
Vorbereitung, die, -en 7/klar3
vorgestern 7/C2a
vorher 6/B2a
Vorort, der, -e 6/AT1
Vorspeise, die, -n 3/B5a
vor|sprechen, vorgesprochen 1/C2a
vor|stellen (+ sich) 6/B2a

W

wach 2/B5
wählen 4/B1a
Wand, die, "-e 6/C2
Wandfarbe, die, -n 6/C4a
warum 2/AT2
Was für ein/eine ...? 7/B2
weg 4/A2a
Weihnachten 7/AT1a
weil 2/A2c
weiter 1/A1a
weitere 2/C1a
Welt, die, Sg. 2/B3b
wenn 4/A2a
Werbespot, der, -s 2/B5
Werbung, die, Sg. 2/B4a
werden, geworden 1/A1a
werfen, geworfen 7/B4b
Werkstatt, die, "-en 5/B3
Wetterbericht, der, -e 2/B3b
wissen, gewusst 5/A3
wohl|fühlen (+ sich) 6/B2a
Wohlfühlsessel, der, - 2/B5
Wort, das, "-er 1/C2a
Wortkarte, die, -n 1/C2a
wunderschön 7/B1a

Z

zahlen 3/klar2a
zeigen 5/B3
Zeitschrift, die, -en 2/B3a
Zeitstrahl, der, Sg. 1/A1b
zentral 6/AT1
Zettel, der, - 6/A1b
Zeugnis, das, -se 4/A5
zu Ende 4/B5a
zu (Die Stadt ist zu groß.) 1/AT1b
zu|hören 1/C2a
zurück|bringen, zurückgebracht 4/B5a
zurück|schreiben, zurückgeschrieben 3/A2a
Zwilling, der, -e 1/A1a

Antwortbogen

Hören

Teil 1

1	◯ Richtig		◯ Falsch	1
2	◯ a	◯ b	◯ c	2
3	◯ Richtig		◯ Falsch	3
4	◯ a	◯ b	◯ c	4

Lesen

Teil 1

1	◯ a	◯ b	◯ c	1
2	◯ a	◯ b	◯ c	2
3	◯ a	◯ b	◯ c	3
4	◯ a	◯ b	◯ c	4
5	◯ a	◯ b	◯ c	5

Bildkarten

1 Medien. Ordnen Sie zu.

1

2

3

4

5

6

7

8

9

10

11

12

- ◯ der Fernseher
- ◯ das Radio
- ◯ das Handy
- ◯ die Tageszeitung
- ◯ die Zeitschrift
- ◯ das Buch
- ◯ die Playstation
- ◯ der Film
- ◯ die CD
- ◯ die DVD
- ◯ der MP3-Player
- ◯ der Gameboy

2 Rund um den Computer. Ordnen Sie zu.

- ◯ der Drucker
- ◯ der Bildschirm
- ◯ die CD-Rom
- ◯ die Datei
- ◯ die E-Mail
- ◯ das Internet
- ◯ das Laufwerk
- ◯ die Maus
- ◯ das Computerprogramm
- ◯ der Scanner
- ◯ die Tastatur
- ◯ der Laptop
- ◯ das Dokument
- ◯ der Rechner

3 Berufe. Ordnen Sie zu.

1

2

3

4

5

6

7

8

9

10

11

12

13

14

- ◯ die Übersetzerin
- ◯ die Hotelfachfrau
- ◯ der Ingenieur
- ◯ die Erzieherin
- ◯ die Pilotin
- ◯ der Kfz-Mechatroniker
- ◯ die Floristin
- ◯ der Polizist
- ◯ der Restaurantfachmann
- ◯ das Zimmermädchen
- ◯ der Hotelmanager
- ◯ der Elektroniker
- ◯ die Gärtnerin
- ◯ der Installateur

4 Im Restaurant. Was sehen Sie auf dem Tisch? Ordnen Sie zu.

9

- ◯ die Gabel
- ◯ die Kerze
- ◯ der Pfeffer
- ◯ der Teller
- ◯ die Flasche
- ◯ das Messer
- ◯ das Salz
- ◯ die Serviette
- ◯ der Löffel
- ◯ das Öl
- ◯ das Glas
- ◯ die Tasse

5 Speisen. Ordnen Sie zu.

1

4

2

5

3

6

- ◯ Sauerbraten mit grünen Bohnen und Klößen
- ◯ Schweinefilet an Pfeffersauce mit Backkartoffel
- ◯ Rindersteak mit Pommes Frites und Salatgarnitur
- ◯ Matjesfilet mit Bratkartoffeln
- ◯ Rindergeschnetzeltes mit Champignons und Reis
- ◯ Spaghetti mit Basilikum-Pesto und Tomaten

6 Wohnen. Ordnen Sie zu.

1

2

3

4

- ◯ das Hochhaus
- ◯ das Mietshaus
- ◯ das Einfamilienhaus
- ◯ das Reihenhaus

5

6

7

- ◯ der Altbau
- ◯ der Neubau
- ◯ der Bauernhof

8

9

10

- ◯ die Großstadt
- ◯ die Kleinstadt
- ◯ das Dorf

7 Feste. Ordnen Sie zu.

Fastnacht – Fasching – Karneval

- ◯ das Kostüm
- ◯ das Konfetti
- ◯ die Luftschlange
- ◯ der Umzug
- ◯ der Luftballon

Ostern

- ◯ das Osterei
- ◯ der Osterhase
- ◯ die bemalten Eier
- ◯ die Schokoladeneier
- ◯ der Osterzopf
- ◯ der Osterstrauß

Sankt Martin

- ◯ die Laterne
- ◯ der Sankt Martin
- ◯ der Mantel
- ◯ das Pferd

Nikolaus

- der Nikolaus
- der Stiefel
- die Süßigkeiten

Weihnachten

- der Weihnachtsbaum
- die Weihnachtsgans
- die Geschenke
- der Adventskranz
- der Adventskalender
- die Kerze

Silvester

- die Rakete
- das Bleigießen
- das Feuerwerk
- die Böller

Bildquellen

Cover © Cornelsen Verlag, Miethe – **U2** © Cornelsen Verlag, Dr. V. Binder – **S. 9** links und oben rechts: © Cornelsen Verlag, Herold – **S. 10** 2: © Gerald Asamoah Stiftung für Herzkranke Kinder; 3: © iStockphoto, Viisimaa (RF) – **S. 11** © Cornelsen Verlag, Herold – **S. 12** A, B, D, E: © Taskin – **S. 13** © Jin – **S. 15** © Cornelsen Verlag, Herold – **S. 19** © Cornelsen Verlag, Miethe – **S. 20** links: © Fotolia, cdrcom (RF); 2. von links: © iStockphoto, Kemter (RF); 2. von rechts: © iStockphoto, Stubbs (RF); rechts: © iStockphoto (RF) – **S. 21** © iStockphoto, Schmidt (RF) – **S. 23** links: © Fotolia, Pellinni (RF); Mitte: © Fotolia, nachbelichtet (RF); rechts: © Fotolia, Perets (RF) – **S. 25** © Fotolia, Monkey Business (RF) – **S. 26** 1: © Pixelio, Kahnt; 2: © Digitalstock, Lange (RF); 3: © Fotolia, rgbdigital.co.uk (RF); 4: © Fotolia, Fatman73 (RF); 5: © Fotolia, Lye (RF) – **S. 33** 2: © Cornelsen Verlag, Herold; 3: © Fotolia, Pumba (RF) – **S. 35** oben: © Fotolia, ft_photography (RF); Mitte: © Fotolia, moonboard (RF); unten: © Fotolia, bilderbox (RF) – **S. 39** Mitte und rechts: © Verlag Fraus, Karel Brož – **S. 41** oben: © Fotolia, Bürgi (RF); unten: © iStockphoto, monkey business images (RF) – **S. 42** © iStockphoto, Neustockimages (RF) – **S. 44** oben: © Cornelsen Verlag, Herold; unten: © Cornelsen Verlag, Schulz – **S. 49** oben links: © 123RF, Scariya (RF); oben rechts: © Shotshop, danstar (RF); Mitte links: © iStockphoto, Horrocks (RF); Mitte rechts: © Fotolia, Lerich (RF); unten: © Cornelsen Verlag, Herold – **S. 50** links: © iStockphoto, Reid (RF); 2. von links: © iStockphoto, Bas (RF); 2. von rechts: © Getty Images, Robbins (RF); rechts: © iStockphoto, Weibell (RF) – **S. 53** oben links: © Digitalstock, Pobitzer (RF); unten links: © iStockphoto, Fatur (RF); Mitte: © Christian Kielmann; rechts: © Fotolia, Kurhan (RF) – **S. 58** © Cornelsen Verlag, Herold – **S. 59** links: © Fotolia, Nemec (RF); 2. von links: © iStockphoto, O'Claire (RF); 2. von rechts: © Cornelsen Verlag, Herold – **S. 63** Mitte und rechts: © Jin – **S. 64** oben: © Fotolia, Monkey Business (RF); unten: © iStockphoto, Lane (RF) – **S. 66** © Cornelsen Verlag, Herold – **S. 68** unten: © iStockphoto, Jankowska (RF) – **S. 69** oben links: © Fotolia, Kaarsten (RF); 2. von links oben: © Fotolia, mine (RF); 3. von links oben: © Fotolia, photoGrapHie (RF); 3. von rechts oben: © Fotolia, Heim (RF); 2. von rechts: © Fotolia, Adler (RF); rechts: © Fotolia, simonkr (RF); unten links: © Fotolia, Webgalerist (RF); 2. und 3. von links unten: © Fotolia, Reitz-Hofmann (RF); 3. von rechts unten: © Fotolia, Durst (RF) – **S. 73** oben Mitte: © Jin; unten links: © iStockphoto, Legg (RF); unten Mitte: © Fotolia, Fischbach (RF) – **S. 76** oben: © Digitalstock, Hähnel (RF); unten: © Fotolia, Jackson (RF) – **S. 78** oben: © Getty Images, Baxter (RF); Mitte: © Digitalstock, housewife (RF); unten: © iStockphoto, Parnell (RF) – **S. 79** A: © Fotolia, reises (RF); B: © Fotolia, Bcubic (RF); C: © Fotolia, anulu (RF); D: © Fotolia, Albersmann (RF) – **S. 80** oben: © iStockphoto, Cutler (RF); Mitte: Wikimedia Commons, CC Attr. 3.0, © Praefcke – **S. 80/81** Hrsg.: Beauftragter des Senats von Berlin für Integration und Migration: © Gertrud Wagemann – **S. 81** oben: Wikipedia, CC Attr. 3.0, © Gründer – **S. 84** links: © Fotolia, Comtat (RF); 2. von links: © Fotolia, nsphotography (RF); Mitte: © Fotolia, Young (RF); 2. von rechts: © Fotolia, fotofrank (RF); rechts: © Fotolia, Prokop (RF) – **S. 93** © Jin – **S. 94** © Digitalstock, Hähnel (RF) – **S. 127** 1: © Fotolia,

Ölei (RF); 2: © Fotolia (RF); 3: © Fotolia, zmajdoo (RF); 4: © Fotolia, dinostock (RF); 5: © Fotolia, Pargeter (RF); 6: © Fotolia, Andrushchenko (RF); 7: © Adpic, Baumann (RF); 8: © Fotolia, rgbdigital.co.uk (RF); 9: © Fotolia, cs333 (RF); 10: © Pixelio, Rose; 11: © Fotolia, massi b (RF); 12: © Fotolia, Pfluegl (RF) – **S. 128** © Jahnke GmbH & Co. KG – **S. 129** 1: © Fotolia, Valentin (RF); 2: © Digitalstock, Költzsch (RF); 3: © Fotolia, Kzenon (RF); 4 und 13: © iStockphoto, 1001nights (RF); 5: © Fotolia, ArtmannWitte (RF); 6: © Fotolia, Dmitrijevs (RF); 7: © Fotolia, Winters (RF); 8: © iStockphoto, Yeulet (RF); 9: © iStockphoto, Driedger (RF); 10: © iStockphoto, Gumerov (RF); 11: © iStockphoto, Kashkin (RF); 12: © Fotolia, moonboard (RF); 14: © Fotolia, puje (RF) – **S. 130** oben und 12: © Fotolia, carlos (RF); Mitte: © Fotolia, Hildebrandt (RF); 9: © Fotolia, Patschull (RF); 1: © Fotolia, Oechsner (RF); 2: © Fotolia, yamix (RF); 3: © Fotolia, Jürgens (RF); 4: © Fotolia, Alen-D (RF); 5: © Fotolia, kameramann (RF); 6: © Fotolia, msheldrake (RF) – **S. 131** 1: © Pixelio, Sterzl; 2: © Digitalstock, Leitner (RF); 3: © Fotolia, Panoramo.de (RF); 4: © Fotolia, LianeM (RF); 5: © Fotolia, Rietsch (RF); 6: © Fotolia, Thomas B. (RF); 7: © Fotolia, ArTo (RF); 8: © Fotolia, Balk (RF); 9: © Fotolia, Design4all (RF); 10: © Fotolia, Dragon (RF) – **S. 132** 1. Reihe links: © Fotolia, kai-creativ (RF); 1. Reihe rechts: © Shutterstock, Merlini (RF); 2. Reihe links: © Pixelio, Hauk Medien Archiv; 3. Reihe links: © Fotolia, der twix (RF); 3. Reihe rechts: © Fotolia, Patrizier-Design (RF); 4. Reihe links: © Pixelio, Schütz; 4. Reihe rechts: © Fotolia, Kenckophotography (RF); 5. Reihe links: © Pixelio, BSS; 6. Reihe: © www.dein-allgaeu.de – **S. 133** 1. Reihe: © Pixelio, Patzal; 2. Reihe links: © Fotolia, Teamarbeit (RF); 2. Reihe rechts: © Fotolia, drubig-photo (RF); 3. Reihe links: © iStockphoto, svehlik (RF); 3. Reihe rechts: © Project Photos (RF); 4. Reihe links: © Fotolia, Bogdanski (RF); 4. Reihe rechts: © Fotolia, Kempf (RF); 5. Reihe links: © Fotolia, Bram J. Meijer (RF); 5. Reihe rechts: © Pixelio, gnubier – **U3** © Cornelsen Verlag, Dr. V. Binder

S. 9 unten rechts: © picture-alliance/ZB/dpa-Report, Hirschberger – **S. 10** 1: © picture-alliance, Defodi – **S. 12** C: © ullstein bild, photothek – **S. 29** links: © ullstein bild, Meißner; rechts: © picture-alliance/HB-Verlag – **S. 33** 1: © mauritius images, Matthias – **S. 39** links: © picture-alliance/ZB, Büttner – **S. 43** links: © ullstein bild, Pilger-Feiler; rechts: © ullstein bild/CARO, Oberhäuser – **S. 59** rechts: © mauritius images/image broker, Begste – **S. 63** links: © ullstein bild, Schöning – **S. 68** oben: © picture-alliance/dpa/dpaweb/Fotoreport, Ossinger – **S. 73** oben links: © mauritius images, Photononstop; rechts: © picture-alliance/dpa/epa-Bildfunk, Badawi – **S. 80** unten: © ullstein bild, Tollkühn – **S. 81** Mitte: © picture-alliance/dpa/afp; unten: © picture-alliance/Bildagentur Huber, Schmid